机のグチャグチャ、頭の中のモヤモヤ、スッキリ整理法!!

[図解] すべての仕事を スッキリ 「紙1枚!」にまとめる整理術

あなたの人生が変わる「14のフォーマット」

高橋 政史 [著]

Masafumi Takahashi

PHP 研究所

はじめに

「紙1枚」で、すべてがうまく回り出す!

あなたは、整理をすることが得意でしょうか? 不得意でしょうか?

「整理をする」にはいろいろな意味があります。

・机の上や家の中などを整理整頓する
・頭の中の考えをスッキリまとめる
・知識や情報のインプット効率を高める
・ポイントをわかりやすく人に伝える

仕事に勉強に人生に、整理をしなければならない場面はどこにでも存在しています。本書では、そうしたいろいろな整理を、すべて紙1枚で達成できるようになる方法を紹介します。

トヨタやP&Gでは「資料は紙1枚で!」が徹底されています。なぜでしょうか?

「きちんとポイントを絞り、要点をつかんで物事を整理していけば、企画や資料、報告書などは必ずコンパクトにまとめられる」からです。それができないのは、整理する「思考力」が足りない、「応用力」が足りない、「効率化への意識」が足りない、ということになります。

物事を整理するための「思考力」「応用力」「効率化への意識」は、仕事を紙1枚にまとめていくことで養われ、あなたの仕事はシンプルでわかりやすいものに変わっていきます。

たとえば、あなたが上司から次のような指示を出されたとします。

「とりあえず3分後に企画案を出してくれ」
「これから1時間で、この800ページの資料を要約して3分で報告してくれ」
「30分でプレゼン資料をつくってくれ」
「明日の会議までに販促のアイデアを100個出しておいてくれ」

あなたならどうしますか?

本書で紹介するフォーマットを使うだけで、こうしたムチャな指示すべてに「はい、この紙にまとめました」と対応できるようになります。

本書の第1章と第2章では、「紙1枚」でまとめる型(フォーマット)を紹介します。「仕事で結果を出す7つのフォーマット」です。

①思考力・仮説力が磨かれる「Sの付箋(ふせん)」
②3分で資料作成ができる「16分割メモ」
③1冊15分「キラー・リーディング」
④最速で業務継承「1枚引継ぎマップ」
⑤会議で「マッピング・コミュニケーション」
⑥論理的な報告書作成「1・2・3マッピング」
⑦1ランク上の「物語プレゼンテーション」

第3章と第4章では、本や資料から知識・情報を短時間でインプットし、仕事に活かすための「整読」の7つのフォーマットを紹介します。

①行動直結!「アクション・リーディング」
②解決!「ソリューション・リーディング」
③視点!「ブレイクスルー・リーディング」
④原理原則!「プリンシプル・リーディング」
⑤本質!「マスターキー・リーディング」
⑥人生の師!「バイブル・リーディング」
⑦羅針盤!「ビジョナリー・リーディング」

これらに必要なのは紙1枚。付箋1枚、A4やA3判の紙1枚、メモ帳の1枚など、シンプルなフォーマットです。

本書を通して読んでいただくことで、

・物事の本質を見抜く考え方が身につく
・シンプルに、わかりやすく人に伝えられる
・思いっきり捨てることができるようになる

すると、

・仕事の効果効率が高まる
・成果があがり、高い評価が得られる
・モチベーションがどんどん高まる

という素晴らしいサイクルが生まれます。

このサイクルの鍵を握るのが「整理する」ということです。整理とは、端的に言えば、「複雑なことをシンプルにする」こと。これが整理の本質です。

複雑だったことがシンプルになると、物事はうまく回り始めます。物事がうまく回り始めると、あなたの思考も仕事もどんどんシンプルになっていきます。

いったい、どんな仕掛けでそんなことができるようになるのでしょうか?

さっそく、『すべての仕事をスッキリ「紙1枚!」にまとめる整理術』をご覧ください。

Contents

【目次】

第1章 仕事はすべて「紙1枚」で整理できる

第2章 「伝えたいこと」を「紙1枚」に整理する方法

Contents

Contents

第4章 本の情報・知識をダイレクトに仕事に活かす読書法

第1章

仕事はすべて「紙1枚」で整理できる

01

2日かかる仕事を1時間でやる方法

……仕事の早い人がやっている「予告編」づくり

2日間悪戦苦闘した提案書が1時間で完成してしまった

あるとき私は、コンサルティング会社で丸2日をかけてクライアント向けの提案書を作成していました。すでに深夜2時。締切りは翌日の午前10時。締切りまであと8時間に追い込まれ、ついにギブアップ。

「ダメです。限界です」と泣きつくと、上司は「だから、パソコンに向かうなと言ってるだろう」と言いながら真っさらの紙を1枚取り出し、「いいか、これがど真ん中の課題だろ。ということは……」と解説しながら提案を整理していきました。

「このプレゼンのいちばん大事な点は何だ？　クライアントにとって最もバリューのあるのはこれだろ。であれば、ど真ん中のメッセージはこれだ。

となると、ざっくりこんな流れのストーリーにならないか？　これをサマリー（要約）として、あとはこれに関連する資料をどう肉づけしていくかだ。

話を大きくA、B、Cに分ける。次に、何が重要な素材かを見極めていこう。これとこれは欠かせない。あとの素材はほとんどムダ。いらないものはぜんぶ捨てる」

すると、私が2日かかっても整理できなかった提案内容が、ほんの15分ほどで紙1枚にスッキリとまとまったのです。

その「紙1枚」をもとにプレゼン資料をつくり始めると、なんと完成までに1時間もかかりませんでした。

映画の予告編にあたる「仮説」をまず立ててみる

上司は何をしたのでしょうか？

それは、問題に対して仮説をつくり、それに沿って重要な素材を見極め、捨てる素材を決めていったのです。そのステップを踏んだだけで、まったく先が見えない状態から一気に抜け出すことができました。

この方法は**「仮説思考」**とも呼ばれます。まず仮の結論を立てて、そこに向かって仕事を進める方法です。

私が行っていた作業が映画の「本編」づくりだとすると、上司がやったのは「予告編」づくり。

たとえば、あなたがプレゼンテーションの資料をつくるとして、ポイントを整理する前からパソコンの前に向かってしまうと、当時の私のように出口の見えないドツボにハマってしまうでしょう。

しかし、「予告編」があれば物語の筋が見えるから、そこに必要な肉づけをしていくだけで簡単に資料ができ上がる。

大事なのはまず「予告編」をつくること、つまり仮説を立てることなのです。仮説を立てない限り、課題をカテゴリー分けすることも、重みづけをすることも、捨てることもできません。

「仮説を立てる」とは、〝見通し〟を立てるということです。出口が見えていれば、問題や課題をそれに向けて整理していくことが可能になります。

次項では、仮説を立てるための**「Sの付箋（ふせん）」**の使い方を説明します。

1 まず、仕事の見通し（仮説）を立てる

ダメです。
限界です……
ピクッ
ピクッ
だから、
パソコンに向かうなと
言ってるだろう

ポイントを整理する前からパソコンに向かってしまうと、出口の見えないドツボにハマる

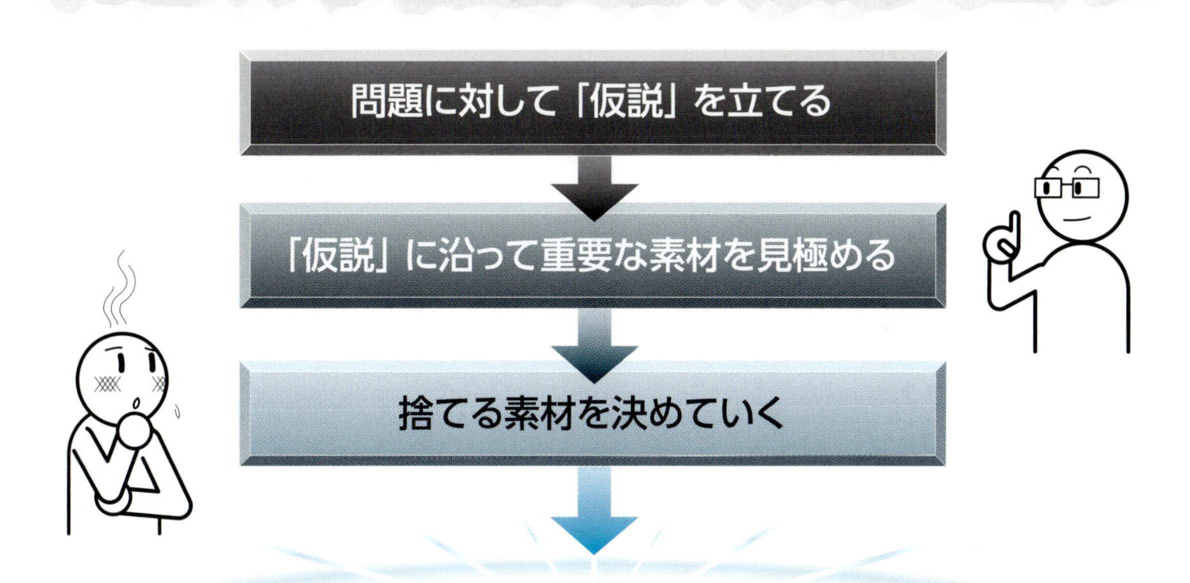
問題に対して「仮説」を立てる
「仮説」に沿って重要な素材を見極める
捨てる素材を決めていく

先が見えない状態から一気に抜け出せる

POINT

見通し（仮説）を立てれば、それに向けて
問題や課題を整理していくことができる

「Sの付箋(ふせん)」で〝予告編〟をつくる

……付箋1枚に5要素を整理してムダ0(ゼロ)仕事

5つのアイコンと記入欄でフォーマットをつくる

提案書やプレゼン資料は、はじめに「仮説」を立てれば短時間でまとめられます。仮説を立てるときに役立つのが、1枚の「Sの付箋」です。「S」の意味はあとで説明しますが、その名のとおり付箋を使います。

左ページに載せたものが、「Sの付箋」のフォーマットです。5つの要素を示すイラスト（アイコン）とその下にスペースを設けたシンプルなフォーマットです。

1枚の大判の付箋（縦5㎝、横10㎝ほどの付箋）を5つの要素に分けて、それぞれの要素を記入していくことで、これからとりかかる課題や問題のポイントをすっきり整理していくことができます。

仕事にとりかかる前に、「Sの付箋」を用意し、次の5つの要素を記入しましょう。

① 誰の？

「Aさん」「B社」「C部署」など、仕事の対象を記入します。

誰のために企画を立てるのか、提案するのか、問題解決をするのか、報告するのか、その対象者の姿を明確にするのです。

② 何が？

ここには、①で明確にした対象者の現状を記入します。現状とは、

・いまどんな悩みを抱えているのか？

・困っていることは？

・こうありたいと思っていることは？

など、対象者のニーズやウォンツです。

③ どのように？

対象者のニーズやウォンツをどうやって満たすのか、解決策を記入します。

④ どうなった？

解決策が実行された結果、どんな未来が訪れるのか、理想の未来の姿を記入します。

⑤ 要するに？

①～④を踏まえて、「結論は何か」を明確にします。企画や提案のコンセプト、メッセージを記入します。

このように、「Sの付箋」を使って、仮説を立てるのです。

「Sの付箋」を使うと3つのSが見えてくる

「Sの付箋」に仕事の要素を記入して仮説を立てると、3つのことが見えてきます。

Solution（問題解決）

Story（物語）

Simple（シンプル）

仕事を始める前に、「Sの付箋」に5つの要素を記入することで、

・お客さんの抱える問題がどのように解決(Solution)し、

・どのような理想の未来がやってくるのかが、一連の物語(Story)として描き出されるので、仕事の見通しが立ち、

・物事をシンプル（Simple）に整理することができるのです。

これが「Sの付箋」という名前の由来です。

さらに、「Sの付箋」を使って仕事をこなしていくことで、結果的にあらゆることが「Success（成功）」に導かれます。

次項で、具体的な記入例を見ましょう。

2 「Sの付箋」のフォーマット

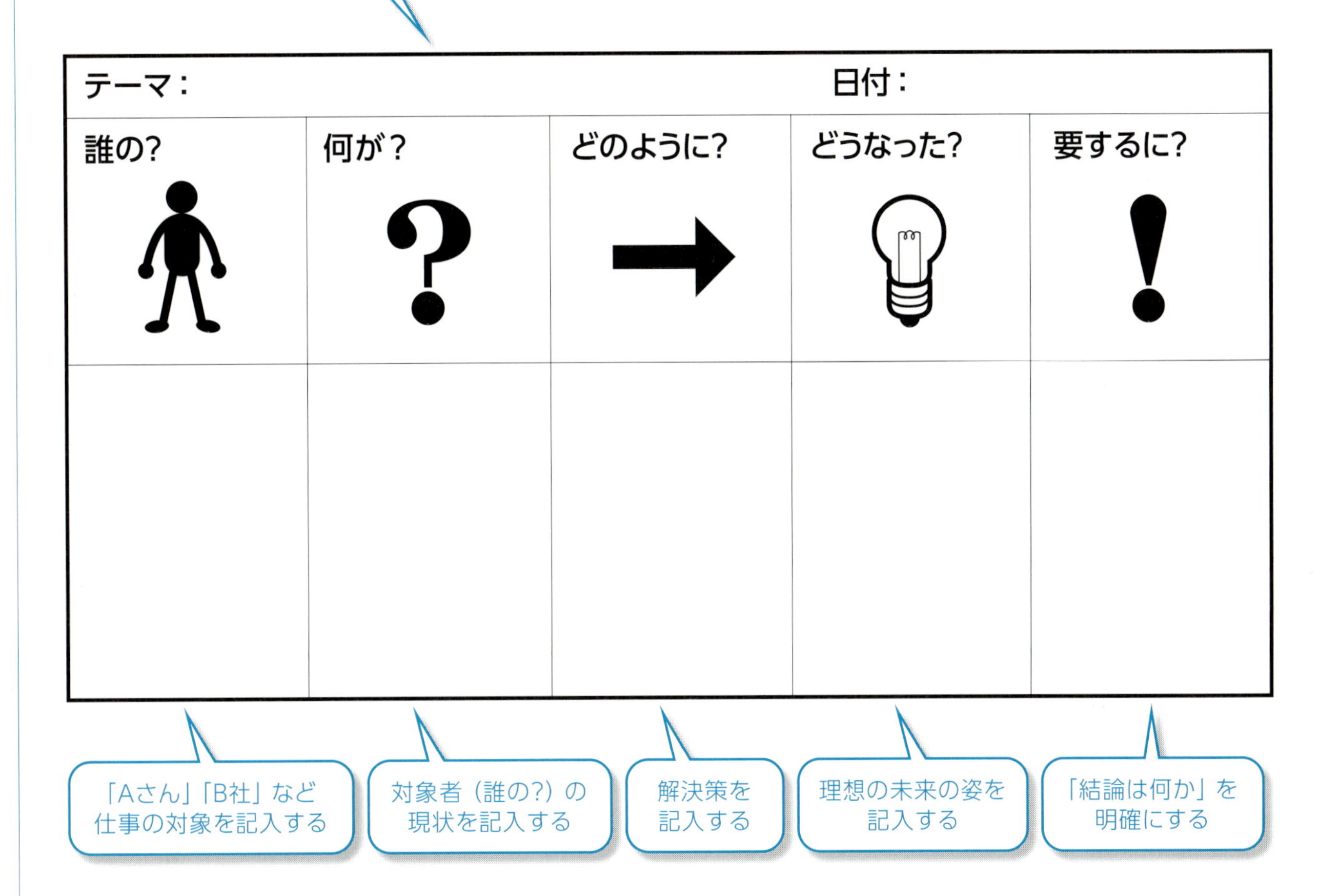

5つの要素を記入していくことで
課題や問題のポイントをすっきり整理できる

「Sの付箋」に5つの要素を記入すると、
Solution（問題解決）、Story（物語）、
Simple（シンプル）の3つが見えてくる

「Sの付箋」で売れる企画！

……これが、すばやく簡単に企画をつくる方法です

新人研修の企画を立ててみよう

あなたは人事部門の研修担当者です。今年の新人研修のプログラムを作成することになりました。

いきなり、「新人研修の企画を立てなさい」と言われると困ってしまいますが、**「Sの付箋」**を使えば簡単にできます。

早速、5つの要素を埋めていきましょう。

① **誰の？** → 新入社員
② **何が？** → 一番強化したいこと
③ **どのように？** → どんな研修
④ **どうなった？** → その結果
⑤ **要するに？** → 研修のコンセプト

こうすると、「新人研修」というざっくりとしたテーマであっても、問題解決の道筋が一連の物語として見えてきます（左ページの記入例も参考にしてください）。

次に、「ダイエットしたい人のための入浴剤の新商品」を企画してみましょう。

あなたの手元には国際特許を取得した64種類のハーブのブレンド法の資料があります。この技術を応用することで、どんな商品を企画できるでしょうか？

具体的に見ていきましょう。

① **誰の？** → 「やせたい！」と思っている20代、30代の女性
② **何が？** → さまざまなダイエット法を試してみたが、「やせた！」という実感がもてない悩み
③ **どのように？** → 「お風呂に入るだけ」でみるみるやせる。秘密は64種類のハーブをブレンドした国際特許の入浴剤
④ **どうなった？** → 体験者100人が2週間で平均2キロやせた！
⑤ **要するに？** → 「国際特許の64種類のハーブの入浴剤を入れたお風呂に入るだけ」でやせる

とりあえず3分間で、ここまでできれば企画の仮説としては十分です。

仮説はあくまでも「仮の結論」ですから、あとから修正してもかまいません。課題を前にして頭を抱えるのではなく、さっと仮説を立ててみることが大事なのです。

仮説を修正する際も、**「Sの付箋」**を使えば、5つの要素のどこに誤りがあるのか、ピンポイントで検証・修正できます。

なぜ売れたのか ――ヒット商品を分析してみる

先に、仮説とは映画の予告編であるという話をしました。

映画の予告編を見れば、それがどんな映画なのかだいたい察しがつきます。Sの付箋を用意すると、自分が抱えている課題や問題に対してどのように向き合えばいいのか、1分もあれば整理できるのです。

「Sの付箋」は仮説を立てるだけでなく、分析ツールとしても使えます。

たとえば、気になるヒット商品があって、「なぜ売れたのかを分析したい」と思ったときにも、**「Sの付箋」**を使ってみてください。

客観的な視点でアプローチできるので、これまで気づかなかった新たな視点を見つけることができるはずです。

3 「新人研修」と「新商品」を企画してみよう

●Sの付箋で新人研修プログラムを企画する

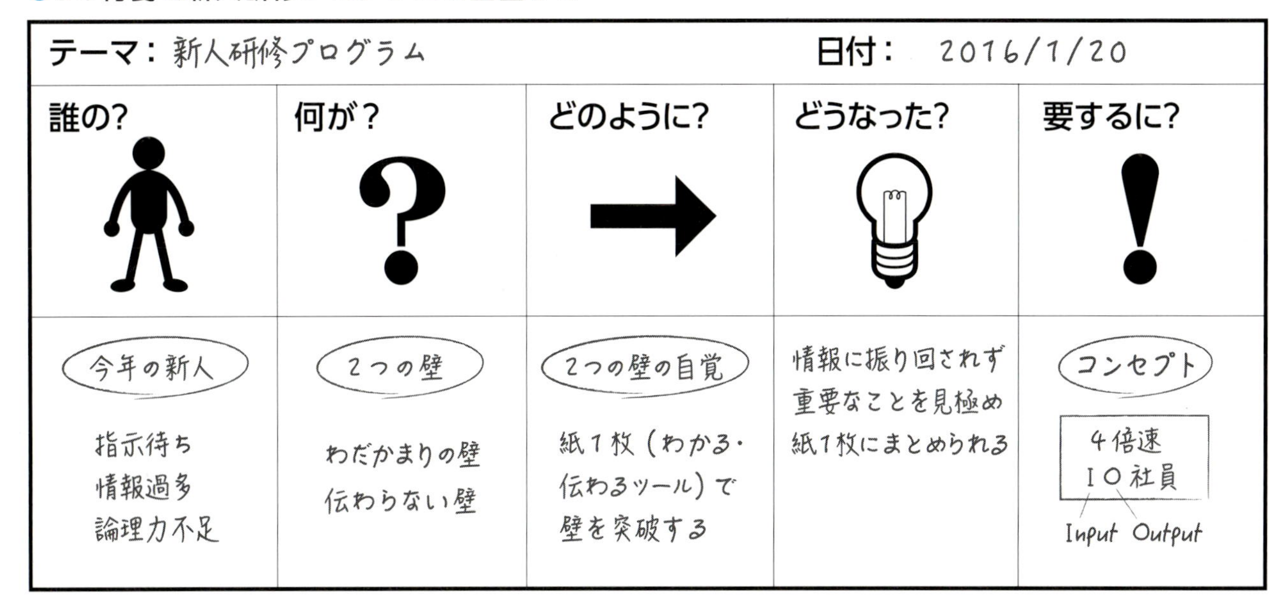

●Sの付箋で入浴剤の新商品を企画する

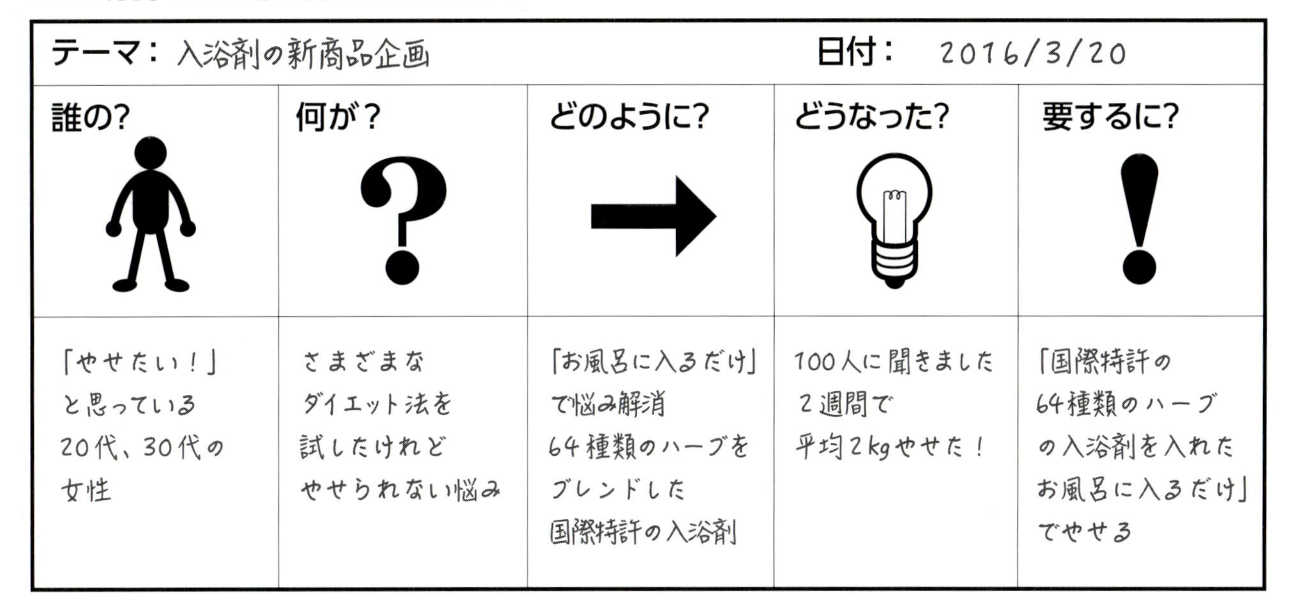

仮説はあくまでも「仮の結論」なので、
あとで修正してもかまわない。
さっと仮説を立ててみることが大事

「16分割メモ」で情報をスッキリ整理する

……ポケットサイズのメモ帳が最強整理ツールに進化する

メモ帳の2ページで情報の収集・整理をする

前項で「Sの付箋」を用いて仮説を立てました。次に必要なのは、その仮説を裏づけたり、肉づけしたりするための情報です。

情報を収集し整理するときには「**16分割メモ**」を使います。

16分割メモは、通常のメモ帳の見開き２ページを16のマスに分割して使う単純なツールで、次のような特長があります。

① メモ帳を使うので、携帯していつでも使うことができる

② ポストイットのように、1情報を1ブロックに書くことができる

③ ノート同様に一覧性がある

このように、メモ帳の「機動性」、ポストイットの「ブロック単位のメモ」、ノートの「作業性」という3つのいいとこ取りをしたものが16分割メモなのです。

16分割メモのフォーマットは、左ページのとおりです。

さっそく使い方を説明しましょう。

15のアイデアを色分け、関連づけする

16分割メモは、メモ帳を2ページ（1見開き）単位で使います。

原則は1見開きに1テーマを記入します。これによって、これまでのメモではできなかった高度な使い方が可能になります。

16のマスのうち、左上のマスにテーマ（タイトル）と日付を記入し、残りの15マスにアイデアを書き込みます。

テーマと日付を記入しておけば、メモが数多くたまっても、ここをインデックス代わりに検索することができます。

アイデアを書き込んだ15のマスは、さまざまなアイデアの連結が簡単にできます。1つひとつのアイデアを色分け、関連づけなどすることで、さらに新しいアイデアやコンセプトを見つけ出すことが可能です。

これを、文章を書き連ねたり箇条書きしたりした通常の手帳でやろうとすると、ページをめくりながらテーマに関連するアイデアを拾っていかねばなりませんが、16分割メモでは、見開き2ページで15のアイデアが一覧できます。

「カラー・コード」を使うこともできます。

カラー・コードとは「色に意味をもたせること」です。たとえば、信号機の青は「進め」、黄色は「注意」、赤は「止まれ」です。色を見ただけで意図がわかります。同じように、自分で決めたカラー・コードで情報を色分けしておけば、検索するときに便利です。

私は色をつけるときに蛍光ペンを使っています。目立つので検索がしやすく、おすすめです。参考までに、私のカラー・コードを紹介しておきましょう。

赤……最重要なこと
黄色……気になる情報
青……自分が取り組んでいるテーマ
緑……気づきやストックしたい言葉
ゴールド……特別なテーマ

あなた独自のカラー・コードを決めて試してみてください。

4 「16分割メモ」の特長

携帯していつでも使える
「機動性」

ポストイットのように書ける
「ブロック単位のメモ」

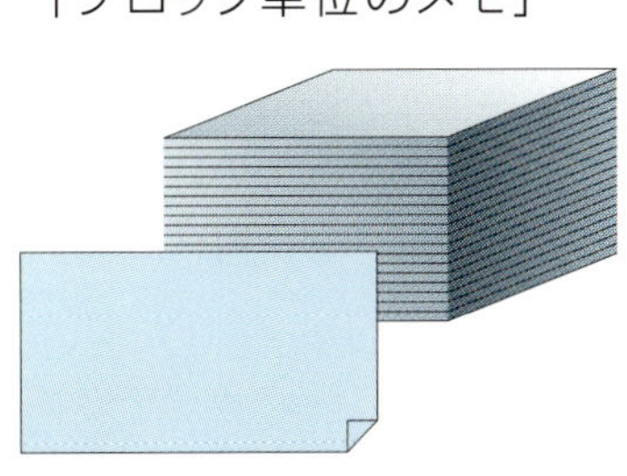

ノートの一覧性がある
「作業性」

理想のメモ帳「16分割メモ」

左上のマスにテーマ(タイトル)と日付を記入

テーマ: 日　付:			

残りの15マスにアイデアを書き込む

「16分割メモ」を使って、仮説の裏づけ・肉づけのための情報を収集・整理する

すぐに実践できる！「16分割メモ」

……〝フレーム効果〟でみるみる思考が整理される

市販の罫線のないポケットサイズのメモ帳を使う

「16分割メモ」のつくり方を説明します。

まず、罫線のないメモ帳を用意します。どこのメーカーのものでもかまいませんが、いつでも取り出して書き込めるように、ポケットサイズのものを選びます。

そのメモ帳の見開き2ページに定規で線を引いて16分割します。

まずヨコ線を引き、次にタテに2本の線を引く。これで8分割。さらにヨコに2本の線を引くと、16のマス目ができあがります。

なぜ16分割にするのかといえば、枠（わく）（フレーム）があるとアイデアが出やすいからです。

左ページの図のように、枠のないメモ帳と枠のあるメモ帳があるとしましょう。どちらがよりアイデアを出しやすいでしょうか。

セミナーなどで実際に試してもらうと、ほとんどの人が、枠のあるほうがスムーズにアイデアを記入できると言います。人は枠があると埋めたくなるものなのです。

先に、16分割メモはポストイットの長所をもっていると述べました。ポストイットはアイデアを出しやすいツールです。

アイデアを出そうとするとき、白紙のA4判の用紙1枚とポストイットの束とではどちらがアイデアを出しやすいか。やはりポストイットだと思います。

16分割メモの原型は、じつはポストイットなのです。

はじめてポストイットを使ったとき、とても驚きました。白紙のノートにいきなりアイデアを出そうとすると頭が働かなくなってしまうのに、ポストイットという小さな紙（枠の中）にアイデアを出していくと、ストレスなくできたからです。

1つの枠に1つのアイデアを書こうとすることで、考えることに集中できるのです。

枠の線は黒でなく水色や薄い緑色で

メモ帳の見開きに線を引くときは、黒のペンではなく、色のついたペンを使うほうがいいでしょう。

私は、水色か薄い緑色で線を引きます。そのほうが、アイデアを出すときに線が気にならないからです。

先にカラー・コードについて述べましたが、すっきりと見やすいものは、集中力や理解度を高めます。16分割メモに限らず、情報をインプットするとき、アウトプットするときには視覚に訴えることを考えましょう。

「16分割メモ」という名前をつけていますが、もちろんマスの数を増やすことも可能です。線を増やして枠の幅を細かくすれば32、さらに64のマスをつくることもできます。

逆に、線の本数を減らして4分割にして使うこともできます。

このマスのサイズは、以下のように市販のポストイットサイズとほとんど同じです。

・4分割（大きなサイズのポストイット）
・16分割（中くらいのサイズのポストイット）
・32分割（小さいサイズのポストイット）
・64分割（ミニポストイット）

5　「16分割メモ」をつくる

①罫線のないメモ帳（ポケットサイズ）を用意する

②見開き2ページにヨコ線を1本引く
（4分割）

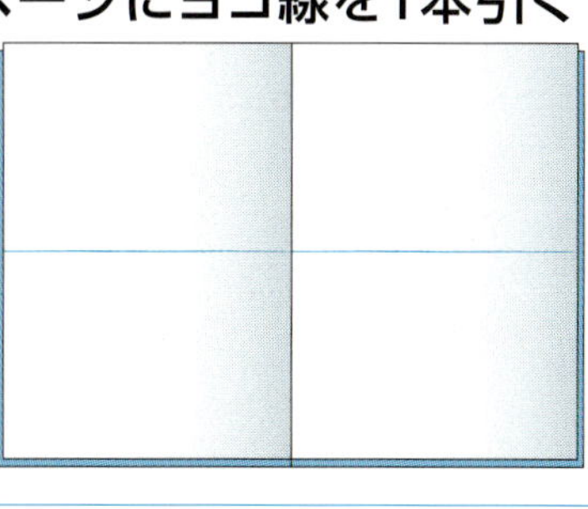

③タテに2本の線を引く
（8分割）

④さらにヨコに2本の線を引く
（16分割）

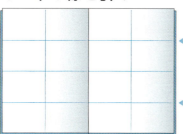

色のついたペンを使って線を引けば、
アイデアを出すときに線が気にならない

●枠（フレーム）があるとアイデアが出やすい

× 枠のないメモ帳

枠のあるメモ帳 ○

1つの枠に1つのアイデアを書こうと
することで、考えることに集中できる

情報をインプット・アウトプットするときには視覚に訴えること！

60冊を3日で読む「キラー・リーディング」

……コンサルタントの非常識な超速読の秘訣

大量の資料を読み込んで要点を紙1枚にまとめる

ここからは、本や資料の情報を紙1枚に整理する方法について述べます。

経営コンサルティングという私の仕事は、限られた時間で膨大な資料や書籍のなかから、エッセンスを抽出することが求められます。新規の案件を担当することになると、その業界や企業に関する大量の資料に目を通さなければなりません。

以前、住宅メーカーの新規案件を担当することになったときのことです。

さっそく、クライアント先でのヒアリング、経営陣とのミーティングをセットしましたが、事前に住宅業界やそのクライアントに関する資料や本に目を通し、リサーチをしておかなければなりません。

そのときに目を通した書籍は60冊以上でした。

どれだけ時間がかかったと思いますか？

要した日数は2～3日。ほかの仕事もあるため、その合間の時間を使って60冊以上の本に目を通しました。

それを実現する方法が「キラー・リーディング」です。

1冊を15分で読み要点を1分間で説明する

コンサルタントになりたての頃は、「こんなに膨大な資料や本に目を通すのはムリ！あり得ない！」と思っていました。

目を通すだけでなく、内容を簡潔にまとめる必要があります。簡潔にとはいえ、まとめた資料は数十ページの分量になります。

この資料とは別に、その数十ページの内容を紙1枚にした、「要点は、これを見ればわかります」という提案書も用意しなければなりませんでした。

先述したように、私がこの作業に使った日数は2～3日でした。どうすれば、それが可能になるのでしょうか。

これから説明する「キラー・リーディング」は、私の経験をベースにつくりあげた効率的に情報を得るための方法です。

フォーマットに従って取り組めば、本1冊を15分で読み、さらにその内容を紙1枚に要約し、1分間で簡潔に説明できるようになります。

1冊の本のエッセンスを紙1枚に結晶化して、「要は、この1枚です」と示すことができるようになるのです。

キラー・リーディングのフォーマットは、左ページのとおりです。

罫線のないノートを用意し、本1冊につき1見開き（2ページ）を使います。

見開きの左ページには、16のマスをつくります。

見開きの右ページには、上部に、本のタイトルと読んだ日付を入れるスペースを設けて、その下に、3つの円でトライアングルをつくります。

これでフォーマットは完成です。

では、次項でキラー・リーディングの具体的な方法を説明しましょう。

6　「キラー・リーディング」のフォーマット

罫線のないノートを用意し、本1冊につき1見開き（2ページ）を使う

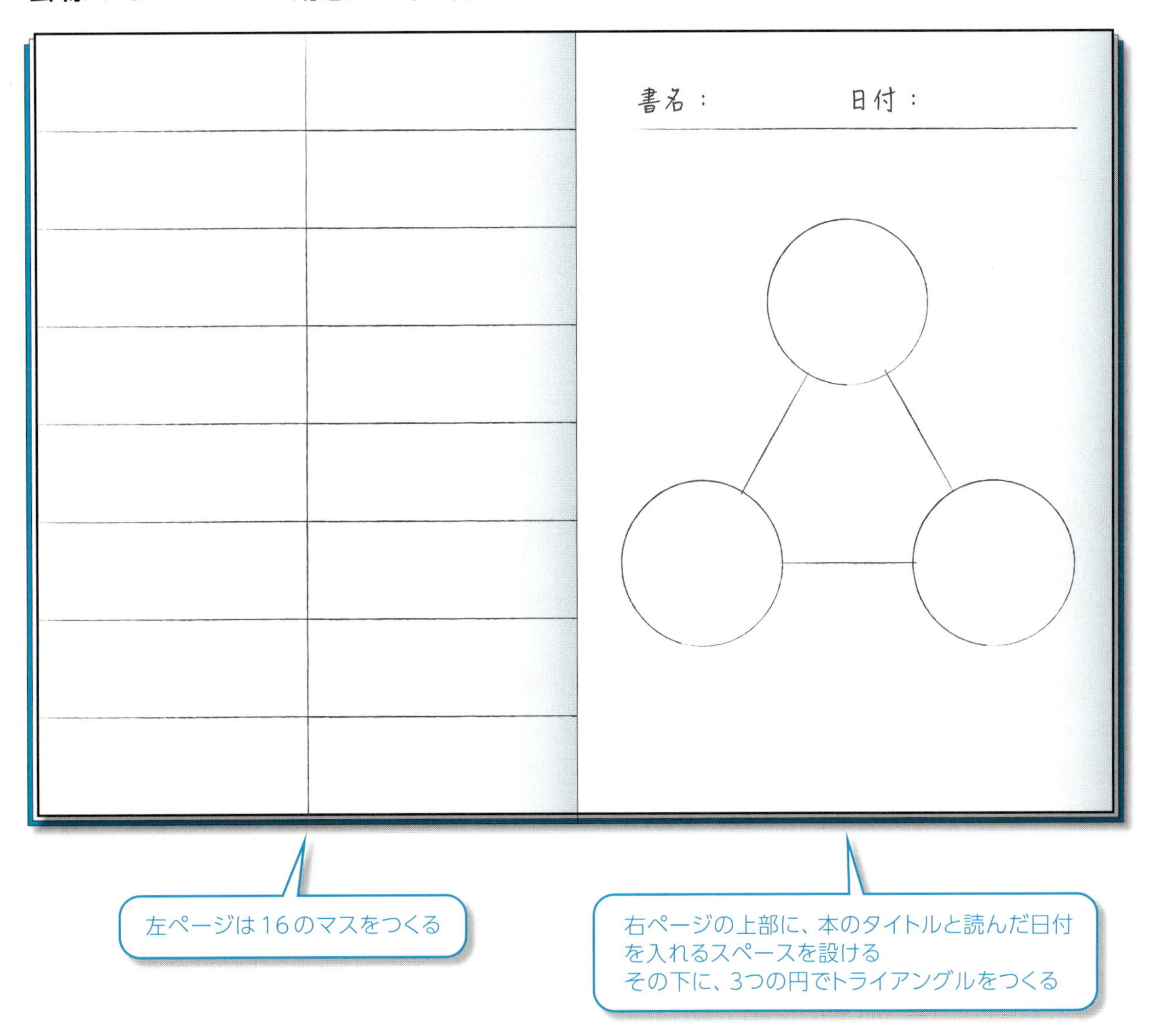
書名：
日付：
左ページは16のマスをつくる
右ページの上部に、本のタイトルと読んだ日付
を入れるスペースを設ける
その下に、3つの円でトライアングルをつくる

POINT

フォーマットに従って取り組めば、本1冊を
15分で読み、その内容を紙1枚に要約し、
1分間で簡潔に説明できるようになる

07

キラー・リーディング実践の4ステップ

……1冊の本を15分で読んで紙1枚に結晶化する

本を読む目的をはっきりさせる

「キラー・リーディング」は、4つのステップで進めます。まず、フォーマットに書名と日付を入れておきましょう。

〈ステップ1　問いを立てる〉

本を読む前に「問い」を立てます。「問い」とは、著者に聞きたいこと、その本から得たいことです。フォーマットのトライアングルの中央に、「問い」を記入します。こうして、その本を通して手に入れたいことは何なのかを明確にしておくのです。

「問い」は具体的にする必要があります。グーグルの検索語を入力するのと同じです。あいまいな検索語では、お目当てのサイトにはなかなかたどり着けません。では、どんな問いを立てればいいのでしょうか。

あなたがホテルの営業担当者だとします。仕事の参考に、あるホテル・コンサルタントの書いた本を読む際、問いが「売上げアップの秘訣は何か？」では抽象的すぎます。「お盆明けの閑散期に、売上げアップにつながる販売促進の企画は何か？」のほうが、より適切な「答え」を得ることができます。

本を読んで得た答えを1メッセージにする

〈ステップ2　16のキーワードを抽出する〉

ここから15分が勝負の時間です。「16のキーワード抽出」に入ります。

「問い」は、必要な情報を受信するためのアンテナです。その受信感度を上げるために、キーワードを16個見つけ出すのです。

脳に「問い」がセットされると、それに関連する情報に目がいくようになりますが、さらに16のキーワードを設定しておくことで、ほしい情報により近づくことができます。

目次や本文をパラパラとめくりながら、「問い」に関連するキーワードを探します。キーワード1つあたり20秒くらいのペースで、左ページの16のマスに記入していきます。

〈ステップ3　3つの重要キーワードに絞り込む〉

16のキーワードがピックアップできたら、いよいよ本格的に本の中身を読み始めます。

残り10分程度しかないので、1文字ずつ読むのではなくザーッと目を通しながら、問いとキーワードに引っかかる箇所を探します。

こうして10分ほどで本に目を通し、先に設定した16のキーワードのなかからとくに重要だと思われるキーワードを3つに絞り込み、トライアングルの丸の中に記入します。

問いに対する答えを象徴するようなキーワードを選んでください。本の内容をまとめるとき、また、その内容をアウトプットするときに威力を発揮します。

〈ステップ4　1メッセージをつくる〉

最後は、「メッセージ」づくり。問いに対する答えを、1つのメッセージにします。

「こんな『問い』の切り口でこの本からそのエッセンスを結晶化すると、要はこのひと言」という具合です。あなたの言葉で1メッセージにして書き込んでください。

以上のプロセスによって、1冊15分で自分のほしい情報をピックアップできます。

7 「キラー・リーディング」の4ステップ

1. 問いを立てる

トライアングルの中央に、「問い」（著者に聞きたいこと、本から得たいこと）を記入する

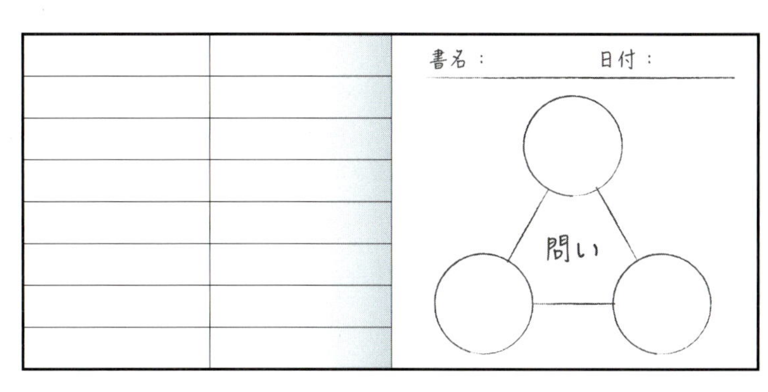

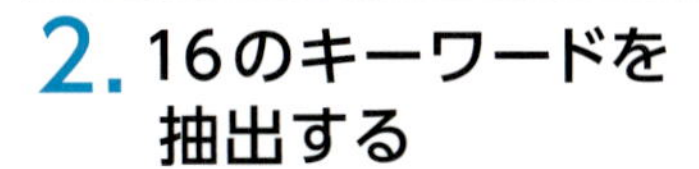

2. 16のキーワードを抽出する

目次や本文をパラパラめくって、「問い」に関連するキーワードを探す（1キーワード20秒くらいのペースで）

キーワード 1	キーワード 9
キーワード 2	キーワード 10
キーワード 3	キーワード 11
キーワード 4	キーワード 12
キーワード 5	キーワード 13
キーワード 6	キーワード 14
キーワード 7	キーワード 15
キーワード 8	キーワード 16

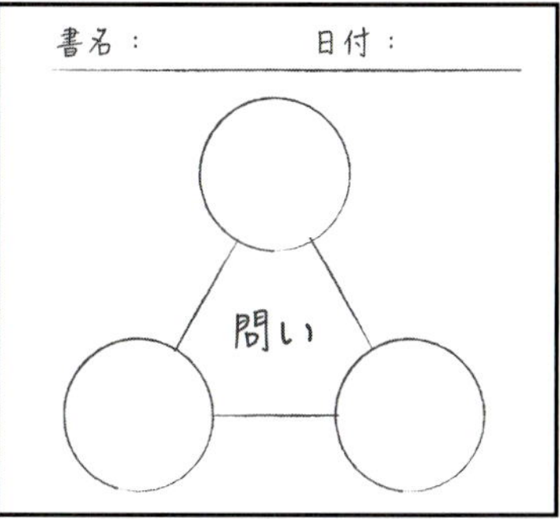

3. 3つの重要キーワードに絞り込む

10分ほどで本に目を通し、重要なキーワードを3つに絞り込み、トライアングルの丸の中に記入する

キーワード 1	キーワード 9
キーワード 2	キーワード 10
キーワード 3	キーワード 11
キーワード 4	キーワード 12
キーワード 5	キーワード 13
キーワード 6	キーワード 14
キーワード 7	キーワード 15
キーワード 8	キーワード 16

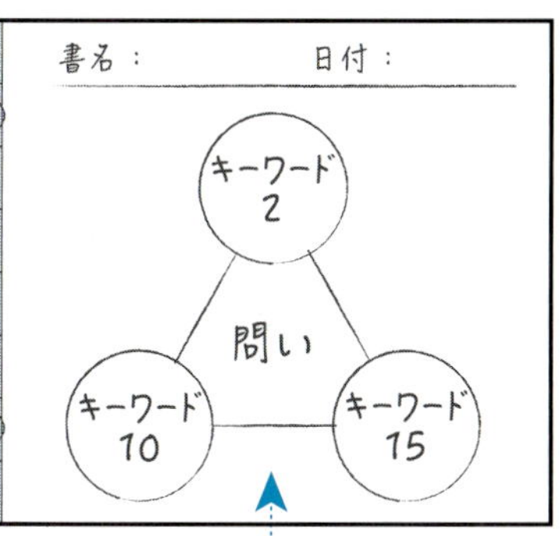

4. 1メッセージをつくる

問いに対する答えを1つのメッセージにして、フォーマットに書き込む

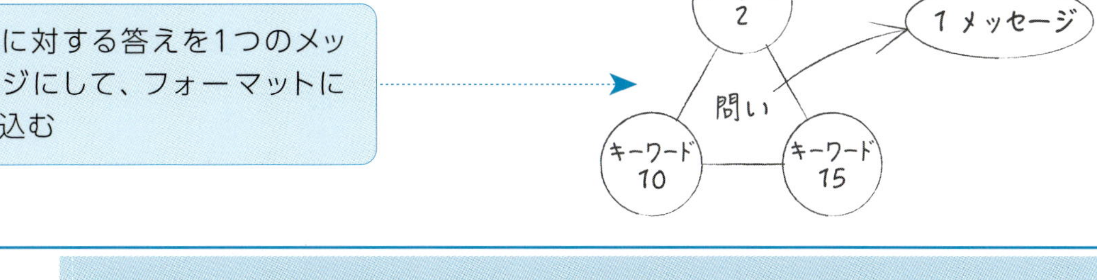

「問い」を立てて15分間で本を読み、
「問い」への答えを1つのメッセージにする

もしもドラッカーを15分で読めたら

……『経営者の条件』から残業0(ゼロ)の知を得る

残業時間ゼロを達成するための方法

「キラー・リーディング」の実例を示しましょう。P・F・ドラッカーの『経営者の条件』(ダイヤモンド社)を読みます。

〈ステップ1　問いを立てる〉

まず「問い」を立てて、フォーマットのトライアングルの中央に書き込みます。

ここでは、「私が明日から実践できる、残業時間ゼロの決め手となる3つのポイントと1つの行動とは?」と立てます。こうした問いを立てれば、ドラッカーの考えを仕事に活かせる実践的な読書になります。

〈ステップ2　16のキーワードを抽出する〉

ここから制限時間は15分です。

目次などを見ながら、「固有名詞」「数字」「格言」、あるいは「こんな視点があるのかと心が動いたもの」を中心に、問いに関連するキーワードを拾っていきます。

ここでは、「チャーチルが〝核心の大家〟と呼んだハリー・ホプキンズ」「ルーティン化→天才的な仕事」「汝の時間を知れ」「優先順位」「退屈な組織」「時間と記録」などのキーワードを16個ピックアップしました。

〈ステップ3　3つの重要キーワードに絞り込む〉

16個のキーワードに関連する箇所を中心に本文に目を通しながら、重要なキーワードを赤丸で囲んだり、気づいたことを追記したりして、3つのキーワードに絞り込みます。

ポイントは、ドラッカーの言葉を自分独自の表現に言い換えていくことです。こうすることで、受け売りの言葉でなく、自分の言葉で考えられるようになります。

絞り込んだキーワードは次の3つです。

①記憶より「記録」
②分析より「勇気」
③創造より「退屈」

なぜ、「残業時間ゼロの決め手」となるのがこの3つのキーワードなのか。次のような内容から絞り込みました。

記憶より「記録」……私たちの記憶はじつにあやふやだから、「時間」と「自分のできたこと(強み)」をメモ(記録)する。それによって、記憶に頼らず、時間や強みを客観視でき、そこではじめて時間の使い方、強みの磨き方を工夫できるようになる。

分析より「勇気」……仕事の優先順位を決めるには「捨てる勇気」が必要だ。「この仕事を後回しにして大丈夫だろうか……」などという不安との闘いでもある。その不安を断ち切る「勇気」が求められる。

創造より「退屈」……「仕事の成果をあげたいのなら、仕事をルーティン化すべきだ。朝会社に来てやることが決まっていて、それを決まったやり方でやっていると勝手に成果があがる退屈な組織である必要がある」とドラッカーは語っている。

〈ステップ4　1メッセージをつくる〉

こうして、明日からやろうと決めた1つの行動は、**「今日『できた』ことを手帳に記録していき、1カ月ごとに自分の『強み』を棚卸ししていくこと」**でした。

このように4つのステップを踏めば、15分で仕事に役立つ内容を得ることができます。

8 『経営者の条件』から1メッセージを得る

1. 問いを立てる

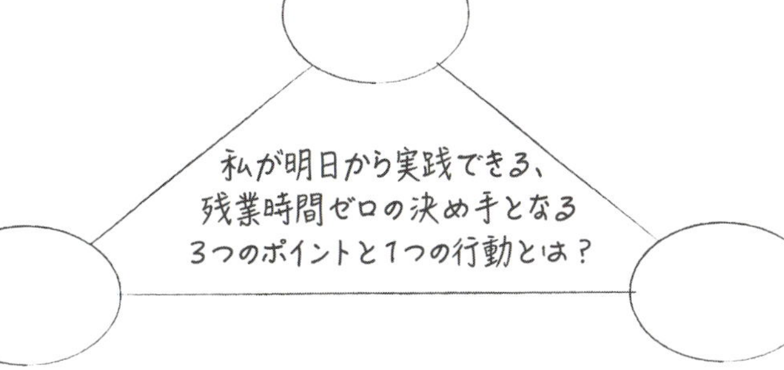
私が明日から実践できる、
残業時間ゼロの決め手となる
3つのポイントと1つの行動とは？

2. 16のキーワードを抽出する

チャーチルが"核心の大家"と呼んだハリー・ホプキンズ	汝の時間を知れ
ルーティン化→天才的な仕事	退屈な組織
優先順位	時間と記録

3. 3つの重要キーワードに絞り込む

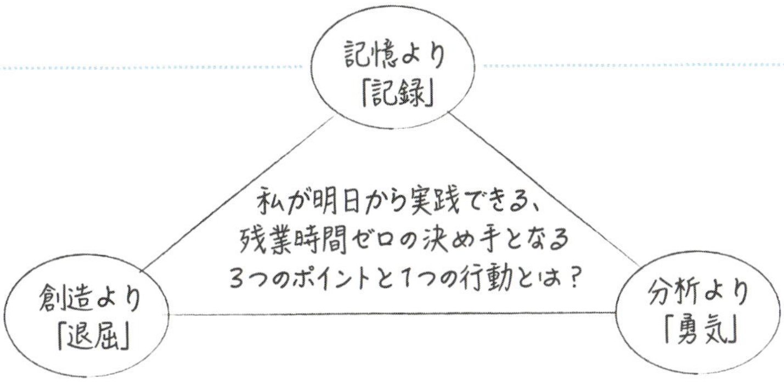

記憶より「記録」

私が明日から実践できる、
残業時間ゼロの決め手となる
3つのポイントと1つの行動とは？

創造より「退屈」

分析より「勇気」

4. 1メッセージをつくる

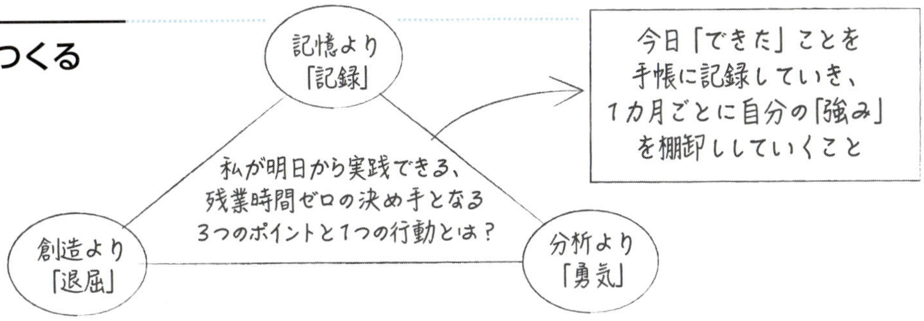

記憶より「記録」

私が明日から実践できる、
残業時間ゼロの決め手となる
3つのポイントと1つの行動とは？

創造より「退屈」

分析より「勇気」

今日「できた」ことを
手帳に記録していき、
1カ月ごとに自分の「強み」
を棚卸ししていくこと

POINT

4つのステップを踏めば、仕事に役立つ内容が15分で得られる

日経新聞を「使える実践知」へ変換する

……新聞を読む＝プレゼン力強化に直結する方法

自分なりの「問い」を立てて15分で新聞を読む

日経新聞を「キラー・リーディング」してみましょう。15分間で日経新聞の膨大な情報のなかから、３つのポイントと１つの行動を抽出することができます。

まず「問い」を立てます。

「日本経済の復活の鍵は何か？」という抽象的なものではなく、「これまでの常識がまるで通用しない現状で、お客様に価値ある新たなサービスを創出するために大切な視点は何か？」といった具体的な問いを立てます。

この問いなら、具体的な「答え」を新聞から見つけることができます。

続いて、新聞をめくりながら問いに関連するキーワードを16のマスに記入していきます。「安藤忠雄氏のチーム力」「ベビーホテル1695カ所」「ダライ・ラマの権力の空白」といった固有名詞や数字のあるキーワード、「記憶を宿す」「ささやかな日常」など心が動いたキーワードをピックアップしていきます。

16のキーワードを抜き出したら、関連するものを同じ色の丸で囲んだり、大事なものに赤丸をつけたりして、情報を分けていきます。

独自の視点と自分の言葉を磨いていく

次に、３つの重要キーワードを決めます。

①チーム力の視点
②マイノリティの視点
③体験者の1人の視点

と、３つの視点にまとめました。

これを1メッセージにします。

「『ちまたの視点』をテコに、ささやかな日常を立て直す新サービスをつくり、消費の底力を引き出します！」

３つの視点を「ちまたの視点」としました。

「ち」は、チーム力の「ち」
「ま」は、マイノリティの「ま」
「た」は、体験者の1人の「た」

このように語呂合わせをすると、自分にも人に伝えるときも、記憶に刻まれやすいシンプルなメッセージになります。私はこれを「メッセージ磨き」と呼んでいます。

新聞を読むたびに、メッセージ磨きの訓練を繰り返していくと、しだいに自分の言葉力が磨かれ、プレゼンテーションや提案を行うときのメッセージ力が高まっていきます。

今回は、これを1分間で人に伝えてみることにします（左ページ参照）。

いかがでしょうか。

これはあくまでも一例ですが、「キラー・リーディング」を行えば、新聞に断片的に散らばっている情報を整理し直し、独自の視点から読み解くことができるようになります。

その結果、新聞という誰もが手にする同じ情報ソースから、ほしい情報が得られるようになるのです。

このケースのような「視点」を1日1つ手に入れることを、長期的に続けていくことでどんどん視野が広がっていくでしょう。

あなた独自の「視点」とシンプルで記憶に刻まれる「言葉」によって、日々の仕事の質がどんどん高まっていくはずです。

9 日経新聞を15分で読む方法

「問い」を立て、キーワードを16個拾う

↓

3つの重要キーワードに絞り込み、3つの視点にまとめる

↓

1メッセージにする

安藤忠雄氏のチーム力	ベビーホテル1695カ所
ダライ・ラマの権力の空白	記憶を宿す
ささやかな日常	wwwwwwww
wwwwwwwwwwww	wwwwwwwwwwww
wwwwwwwww	wwwww
wwwwwwwwwwww	wwwwwwwwwwww
wwwwwwwww	wwwwwwwwww
wwwwwwwwwwww	wwwwwwwwww

チーム力の視点

マイノリティの視点

体験者の1人の視点

これまでの常識がまるで通用しない現状で、お客様に価値ある新たなサービスを創出するために大切な視点は何か？

「ちまたの視点」をテコに、ささやかな日常を立て直す新サービスをつくり、消費の底力を引き出します！

↓

1分間で人に伝える

今日、日経新聞を読んで、「これまでの常識がまるで通用しない現状で、お客様に価値ある新たなサービスを創出するために大切な視点は何か？」ということについて考えてみました。

わかったのは、「『ちまたの視点』をテコに、ささやかな日常を立て直す新サービスをつくり、消費の底力を引き出す」という視点が自分たちに必要だということです。

「ちまたの視点」とは、チーム力の視点の「ち」、マイノリティの視点の「ま」、そして体験者の1人の視点の「た」の3つの視点です。

POINT

独自の「視点」とシンプルな「言葉」によって、日々の仕事の質がどんどん高まる

10 「シンプルリスト」で「捨てる」を終わらせる

……書類やものを一気に、短期に整理できる

必要なものを見極めるために マトリクスをつくってみる

不要になった書類やものを捨てて、身の回りを整理する方法を説明しましょう。

そもそも、なぜものが捨てられないのかといえば、「あれもこれも、いつか必要になるかもしれない」という不安があるからです。

では、どうすればよいのでしょうか。

それは、必要なものを見極めること。

以前、わが家に長年ためこんできた本や資料の山を見て、整理しようと思い立ちました。

どうすれば効率的に捨てることができるかを考え、マトリクスをつくってみました。マトリクスの2つの軸は、次のとおりです。

・使っている／使っていない
・大事なもの／そうでもないもの

このうち目をつけたのは、「大事なもの／使っていないもの」です。

というのも、「使っている／使っていない」という基準は単純ですが、それでも捨てられないのは思い入れがあるからです。「使っていないけれど、捨てられないもの」を捨てなければ、整理はできません。

だから、捨てたいけれど捨てられないというときは、なぜそれが捨てられないのかを考えてみなければなりません。

トップ3だけ残して あとは全部捨てる

試しに、蔵書のなかで捨てたくない仕事関連本のジャンルを10種類あげてみました。

①MBAのケーススタディ集
②マルクスの資本論
③「ストーリーづくり」に関する本
④ファイナンスに関する本
⑤管理会計に関する本
⑥英語学習の本
⑦営業に関する本
⑧公認会計士の資格本
⑨デザイン関連の本
⑩発想法に関する本

これらをリストにしました。**ものを整理するための「シンプルリスト」です**（左ページ参照）。

こうして捨てたくないもの（ここでは本）のジャンルを挙げて、「持っている理由」「1年以内に使うかどうか」「本当に大事かどうか」を考えるのです。そして、このなかからトップ3だけを残し、あとは全部捨てます。

なかには「10年物」が何冊もありました。買ってから10年間、読もうと思いつつ読んでいない本です。「いまは使わないけれど、いつか役に立つだろう」と思って買ったものです。

そして、「いま」「将来」の自分に必要なのは何かと熟考した結果、残ったのは③の「ストーリーづくり」だけでした。

当初は3つのジャンルを残すつもりでしたが、やってみると、必要なのは「ストーリーづくり」のみだと気づいたのです。自分にとって「いま」も「将来」も必要なスキルはストーリーづくりだ。そう気づいたら、ほかのものは「必要ない」と潔く割り切れました。

「捨てられないもの」をリスト化し、残すものを最大3つだけ決める。こうすれば、ものをすっきり整理することができます。

10 「シンプルリスト」をつくろう

●捨てるためのマトリクス

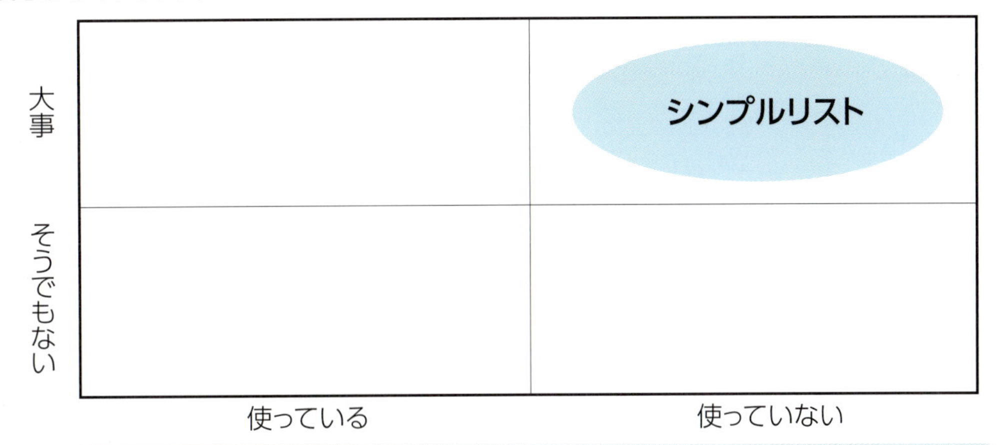

大事だけれど使っていないもので「シンプルリスト」をつくる

●「シンプルリスト」のフォーマット（書籍の例）

	ジャンル	持っている理由	1年以内に使う?	本当に大事か?	TOP3
1	MBAのケーススタディ集	経営事例のストック	No	×	
2	マルクスの資本論	経済学の教養	No	×	
3	ストーリーづくり	物語で人を動かす	Yes	○	1
4	ファイナンス	財務の知識	No	×	
5	管理会計	経営分析に活かす	No	×	2
6	英語学習	英語で仕事をする	No	×	
7	営業	仕事を獲得する	No	×	3
8	公認会計士の資格本	仕事の幅を広げる	No	×	
9	デザイン	デザインへの造詣を深める	No	×	
10	発想法	画期的なアイデアを出す	No	×	

トップ3だけ残して、あとは全部捨てる

「捨てられないもの」をリスト化し、残すものを最大3つだけ決めればスッキリ整理できる

11

仕事の引継ぎ10分！「1枚引継ぎマップ」

……引き継ぐ仕事の全体像を紙1枚にまとめる方法

パソコン上の資料と紙の資料を連動させる

今度は会社のものを整理してみましょう。

たとえば、身近な問題では業務の引継ぎがあります。担当していた業務を他人に引き継ぐときには、資料などを整理して渡さなければなりません。自分ではどこに何があるかわかっていても、他人にはわかりませんから、一度整理しなくてはなりません。

会社勤めをしていたとき、私の部署には書類が散乱していました。机の上に書類のファイルが積み重なり、机の下にも10センチ・バインダーがびっしり。

机の下にまともに足を入れられないため、身体をナナメにして、足をヨコに出してデスクワークをこなしていました。

こんな状態では、業務の引継ぎなど到底できません。これを何とかしようと考えたのが、**「1枚引継ぎマップ」**です（左ページ参照）。マインドマップのソフトを使って作成します（30ページのコラム1参照）。

「1枚引継ぎマップ」は、「パソコン上の資料」と「紙の資料」との連動を大前提にしてつくります。まず、パソコン上で資料の構造を決めます。

資料は4つの階層で整理する

営業の仕事で考えてみましょう。

営業の資料は、「誰の？＝クライアント」「何が？＝プロジェクト」がどのようにして、どうなったという一連のプロセスのなかで発生したものです。そこで、「クライアント」と「プロジェクト」の軸ですべての資料を関連づければ、必要な資料が一連の流れのなかで把握できるようになります。

構造は次のとおりです。

第1階層…「顧客コード＋クライアント名」
第2階層…「プロジェクト名」
第3階層…「カテゴリー名」
第4階層…「資料名」

第3階層では、同じジャンルに分類できる資料をカテゴリー化します。

次に、机の上に紙の書類を並べて、1つひとつ手にとりながら、パソコン上の対応するカテゴリーに資料名を追記していきます。不要な資料は、そのつどゴミ箱に捨てます。

こうして「1枚引継ぎマップ」を完成させます。

続いて、残った必要な書類を整頓します。それぞれの資料はクリアフォルダーに収めます。各フォルダーには、「クライアント名（略称）－プロジェクト名（略称）－ファイル名－日付」を明記したシールを貼っておきます。そして、クライアントごとにファイルボックスをつくってフォルダーを収めます。

フォルダーに名前をつけておくことで、資料がどこかに紛れ込んでしまっても、収めるべきファイルボックスにすぐに戻せます。

後任の担当者に、「1枚引継ぎマップ」のデータとプリントした紙1枚を渡し、クリアフォルダーの収納場所を示せば、引継ぎ完了です。

これが「1枚引継ぎマップ」を使った資料の整理法です。

11 「1枚引継ぎマップ」の例

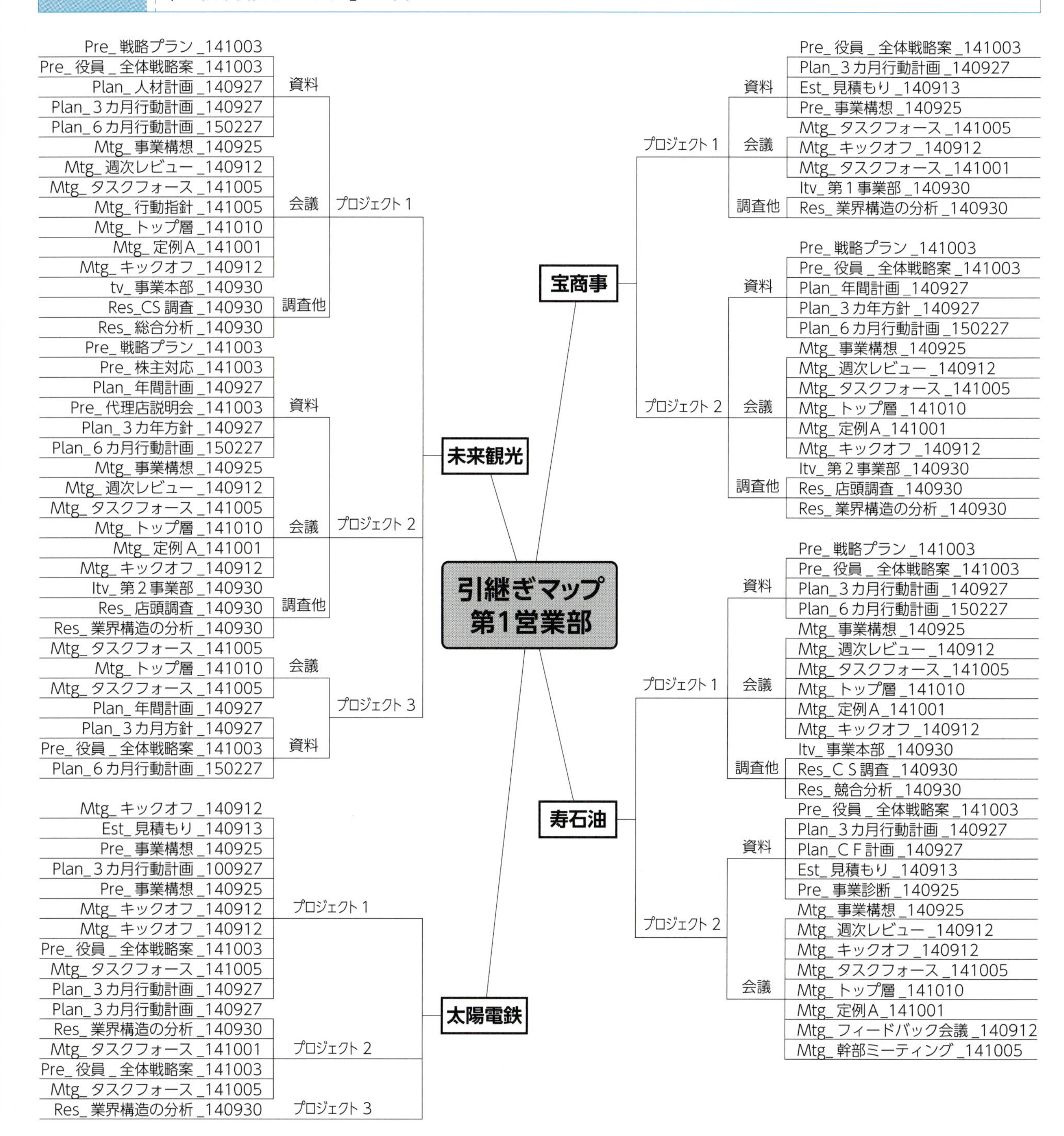

「1枚引継ぎマップ」は、「パソコン上の資料」と「紙の資料」を連動させてつくる

コラム 1

引継ぎに効く！ マインドマップ作成ソフト

「引継ぎマップ」をつくるときに便利なマインドマップのソフトをいくつか紹介しておきます。参考にしてください。

■iMindMap■

マインドマップの開発者であるトニー・ブザンが唯一公認しているマインドマップ・ソフトです。この「アイ・マインドマップ」が他のソフトと決定的に異なる点は「見た目」です。手書きでマインドマップをつくったように豊かな表現ができます。

マインドマップを使ったプレゼンテーションなど、幅広く活用できます。

■MindManager■

ヘビーユーザー向けのソフトで、機能が充実しています。「見た目」よりも「機能」と「作成スピード」を求める人におすすめです。

この「マインド・マネジャー」は企業で導入されているケースも多く、ビジネスでの情報共有がスムーズにできます。Officeとの連携が充実しているため、データを流用しやすく、職場で使っている人も多いようです。

これらのほかにも、無料で入手できるマインドマップ作成ソフトもたくさんあります。ネット上で、「マインドマップ　フリーソフト」で検索すれば数多く出てきます。

フリーではありますが、いずれも十分な機能を備えています。まずは気に入ったソフトをダウンロードして試したうえで、自分に合ったソフトを利用することをおすすめします。

以下、代表的なフリーソフトを2点挙げておきましょう。

■XMind■

前ページで紹介した「1枚引継ぎマップ」はこのソフトで作成しています。

マインドマップ以外にも、フィッシュボーン、スプレッドシート、ツリー構造など、じつに多様な思考整理のツールが使えるのもこのソフトの特徴です。

作成したマインドマップを、フィッシュボーンやツリー構造に展開することができます。

■FreeMind■

操作性、表現力は「エックスマインド」のほうが優れていますが、ショートカットキーなどが豊富で、マウスを使わずに作業したい人にはおすすめです。

第2章

「伝えたいこと」を「紙1枚」に整理する方法

12

会議の時間が2分の1になる「話の地図」

……5ステップで決まるマッピング会議

業務時間の4分の1が会議や打ち合わせに使われている

あなたは会議や打ち合わせにどれくらいの時間を使っていますか？

以前、大手企業50社の管理職に「どれくらいの時間が会議や打ち合わせに使われていますか？」という調査をしたことがあります。その結果は、業務時間の26・5％。業務時間のおよそ4分の1です。

大手企業の管理職の年収が1000万円だとすると、1人当たり年間250万円を会議や打ち合わせに使っていることになります。

アンケート協力企業のなかには、従業員が1万人を超える大企業もありました。仮にその20％が管理職だとすると2000人。

250万円×2000人＝50億円

その会社では、少なくとも年間50億円を会議や打ち合わせに投じていることになります。

それだけのコストと時間を使う会議なのに、不満に思っている人も多くいます。

「いつも同じような議論をしている」

「なんでこんなに会議が多いの？」

「そもそも何のための会議だっけ？」

会議をもっと円滑に、効率的にする方法はないのでしょうか。

ここでは会議や打ち合わせ、商談などのコミュケーションの密度を上げる**「マッピング・コミュニケーション」**という方法を紹介します。**これによって、半分の時間で話を簡潔にまとめて、合意形成ができるワンランク上のコミュニケーションが実現します。**

マッピング会議なら短時間で密度の高い議論ができる

マッピング・コミュニケーションは、論点を共有する**「話の地図」**を使って行います。その1つが**「マッピング会議」**です。

左ページに載せたものは、マッピング会議で使う**「アジェンダ・マップ」**のフォーマットです（「アジェンダ」とは「議題」）。これを見ながら、**「マッピング会議」**を説明していきましょう。

議論は、中央から放射状に展開されていきます。中央にテーマを置きます。

そこから出ている矢印の軸が「論点」です。そして、それぞれの軸の先にある枠（ボックス）が議論内容を記入するスペースです。

議論の結果、論点ごとに導き出された「答え」を、各ボックスから赤ペンで矢印を出して、その先に書き込みます。

最後に、導かれた結論から「ネクスト・ステップ」として、対策や実際の行動に落とし込みます（左上のボックスに記入します）。

流れを整理すると、

①中央にテーマを置く
②いくつかの論点を明示する
③議論した内容をボックスに記入する
④結論（答え）を矢印の先に書き込む
⑤ネクスト・ステップ（対策やアクション）に落とし込む

会議終了後に書き込まれたアジェンダ・マップを見れば、会議に参加していない人でも、その会議が何のテーマで、いくつ論点があり、どんな結論が導き出されたのかがひと目で把握できます。

12 「アジェンダ・マップ」のフォーマット

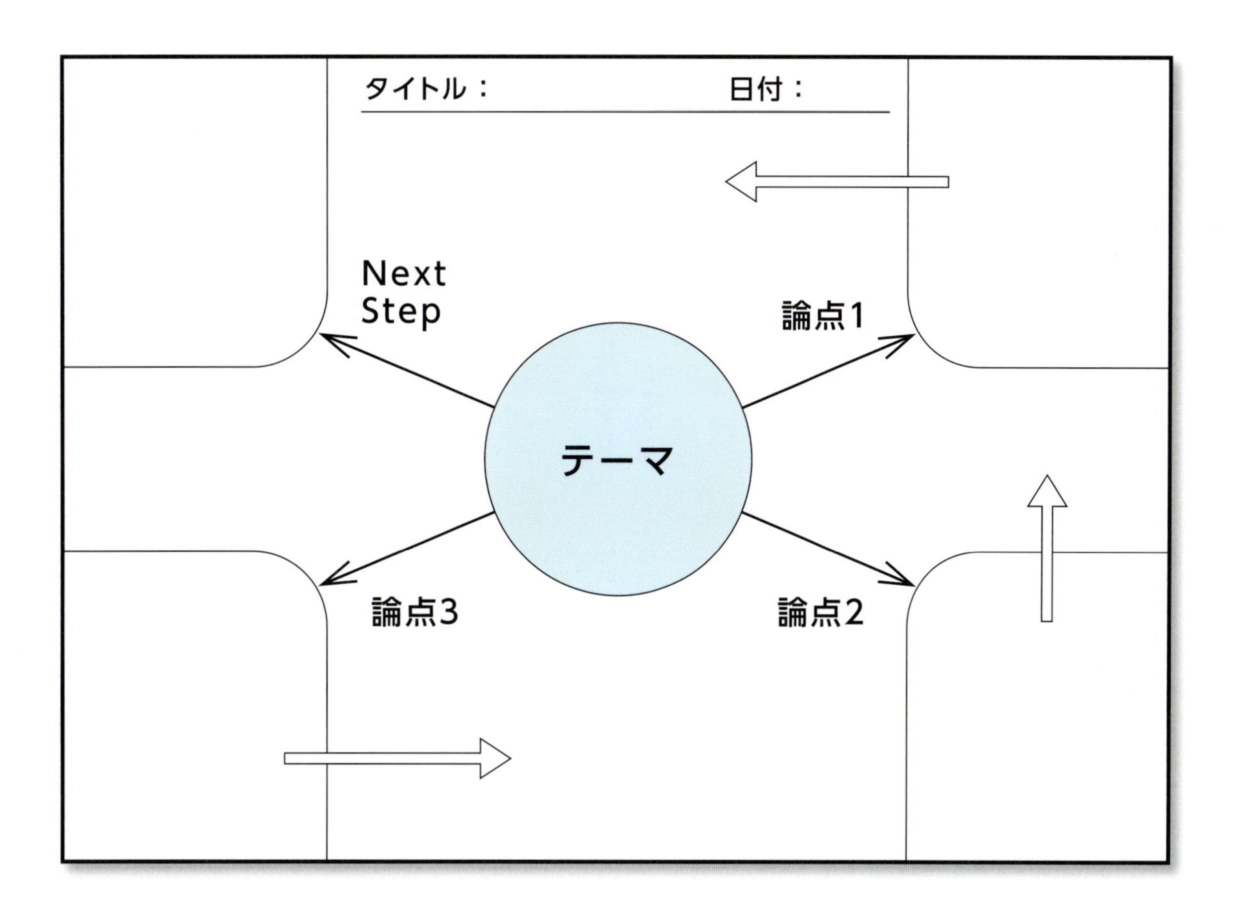

使い方

① 中央にテーマを置く
② いくつかの論点を明示する
③ 議論した内容をボックスに記入する
④ 結論（答え）を矢印の先に書き込む
⑤ ネクスト・ステップ（対策やアクション）に落とし込む

アジェンダ・マップを使ってマッピング会議を行えば、半分の時間で合意形成ができる

13 マッピング会議の進め方①ステップ1～2

……アジェンダ・マップを用意して意見を出し合う

ホワイトボードに アジェンダ・マップを描く

実際の「マッピング会議」の展開を見てみましょう。新商品（プリンター）の販売キャンペーンの企画会議を行います。会議の開始時刻は午前9時、制限時間は60分間です。

〈ステップ1　アジェンダ・マップを用意する〉

会議に先立って、ホワイトボード上にアジェンダ・マップを用意します。

中央に「テーマ」を置き、それぞれの矢印の上や下に「論点」、矢印の先に「議論スペース」をつくっておきます。

論点は、重要度の高いものから、右上から時計回りで記入していきます。

会議では議論が白熱して「あと5分だけ話したい」ということがありがちです。すると時間が足りなくなり、残った論点は次回の会議で、ということになります。ですから、重要度の高い論点から順番に配置するのです。

マップには、中央のテーマの上にもう1つ**大きな枠を置きます。最終結論を記入する「アンサーボックス」です。**

さらに左上のネクスト・ステップの枠には「懸念」「ペンディング」の枠もつくっておきます。会議中に出てきた今後対処すべき懸念事項や、別の機会に議論したほうがいいこと、議論したけれども結論がもち越しになったものなどをここに入れて整理します。

今回、アジェンダ・マップに書き込むのは以下のようなものです。

テーマ……新商品のプリンターが旧モデルの2倍売れるような販売キャンペーンは何か？

論点1……旧モデル、競合他社商品との差別化ポイントをいかに顧客に伝えるか？

論点2……顧客が思わず「買いたい！」と言ってくれる販売キャンペーンの目玉は何か？

論点3……営業が手薄な地域での販売をいかに強化するか？

議論を始める前に 全員に意見を出してもらう

〈ステップ2　論点ごとに意見を出し合う〉

議論の前に2つのことをやっておきます。

1つめは、それぞれの論点の下に「時間」を記入しておくこと。「どの論点について何時までに結論を出さねばならない」という意識をつくるためです。このケースでは、それぞれの論点の所要時間を15分間とします。

2つめは、参加者全員に紙を配り、論点ごとに各自の意見を書いてもらうこと。各議論に15分ほど使うときは、1つの論点について2分を目安に記入してもらいます。

こうすることで意見がスムーズに出るようになるだけでなく、発言しない人がいなくなります。また、他の人の意見につられて自分の意見を捨ててしまうことがなくなります。

集めた意見はボックスに書き出していきます。その意見をもとに議論し、内容をホワイトボード上で整理していきます。

議論の最中、懸念事項や要検討（ペンディング）事項が出てきたら、左上のボックスの中に入れておきます。こうすることで、議論が1点だけに終始し、時間切れで他の論点について議論できなかったという事態を防ぐことができます。

13 新商品（プリンター）の販売キャンペーンの企画会議①

〈ステップ1〉アジェンダ・マップを用意する

- ホワイトボード上にアジェンダ・マップを用意する
- 中央に「テーマ」を置き、それぞれの矢印の上や下に「論点」、矢印の先に「議論スペース」をつくっておく
- 中央のテーマから上に矢印を伸ばして、最終結論を記入する「アンサーボックス」を置く
- 左上のネクスト・ステップの枠には「懸念」「ペンディング」の枠もつくっておく

〈ステップ2〉論点ごとに意見を出し合う

- 各論点の下に「時間」を記入しておく
- 参加者全員に紙を配り、論点ごとに各自の意見を書いてもらう
- 集めた意見はボックスに書き出していく
- その意見をもとに議論し、内容をホワイトボード上で整理していく

タイトル：新商品の販売キャンペーン企画
日付：2016/3/20
懸念
ペンディング
Next Step
アンサーボックス
旧モデル、競合他社商品との差別化ポイントをいかに顧客に伝えるか？（9：00～9：15）
意見
意見
意見
新商品のプリンターが旧モデルの2倍売れるような販売キャンペーンは何か？
意見
意見
意見
営業が手薄な地域での販売をいかに強化するか？（9：30～9：45）
顧客が思わず「買いたい！」と言ってくれる販売キャンペーンの目玉は何か？（9：15～9：30）
意見
意見
意見

POINT

議論に入る前に、参加者全員に論点に関する意見を書き出してもらう

14 マッピング会議の進め方② ステップ3〜4

……結論を結晶化させ「次の一手」を導き出す

実行することをキャッチフレーズで表現する

〈ステップ3　論点ごとに結論を出す〉

議論がまとまった論点から順に、結論を導いていきます。

論点1の「伝え方」は、「差別化ポイントを紙1枚、動画1本に表現して、シンプルに顧客に伝える」という結論が導かれました。

論点2の「販促の目玉」については、お客様が気づいていない「見えない利益」と「3つの悩み」を浮き彫りにし、その部分にフォーカスすることになりました。

論点3の「手薄地域の対応」については、ランクAの顧客のなかで関係性が必ずしもよいとはいえないお客様に対して、本部から応援キャラバンを送ることを軸に調整していくという結論になりました。

そして、最終的に今回の販促キャンペーンのキャッチフレーズを「フォーカス〝1 to 3〟」と決めました。

販促ツールを紙1枚と動画1本に絞ること。これがフォーカス1です。

紙1枚と動画1本のシンプルなツールによって、お客様が思わず「買いたい！」と言うような、3つのキャンペーン内容（フォーカス3）を告知していきます。

具体的には、以下のとおりです。

① 「見えない利益」の創出

「じつは、今回の新しいプリンターは機能が最新なのはもちろん、最大の目玉は、〝見えない利益〟が生まれることなのです。たとえば……」というような内容を展開します。

② 「3つの悩み」の解消

「お客様に丹念に聞いたところ、プリンターに関して3つの悩みがクローズアップされました。実際、すでに導入いただいたお客様から、『○○の悩みが解消された』という声をいただいております。さらに……」というような内容を展開していきます。

③ 「キャラバン」でのサポート

「本部から専門のスタッフをお客様の会社へ派遣し、プリンターとファイリングシステムとの連動、プレゼンにおけるプリンターの効果的な活用法など、社員の方々にレクチャーやデモを行います。これにより、プリンター導入後の仕事の効率アップをサポートします。具体的には……」というような内容を展開していきます。

〈ステップ4　ネクスト・ステップの設定〉

最後に、この会議を踏まえて、次の一手として何を行うかを明確にしておきます。

ここでは、販促のフォーカス・ポイントである3点について、「①見えない利益をお客様にもわかりやすく伝えられるよう算定する」。そして、「②3つの悩みについては、それがいったい何なのかをリサーチする」。最後の「③キャラバンについては、本部スタッフのスケジュールを調整する」。

この3つをネクスト・ステップとして明確にしました。これで会議は終了です。

会議が終わると、目の前のホワイトボードには、どんなテーマについて議論し、各論点でどんな議論がされて、最終的にどんな結論になったのか。そして、今後は何をするのかがひと目でわかるように整理されています。

14 新商品（プリンター）の販促キャンペーンの企画会議②

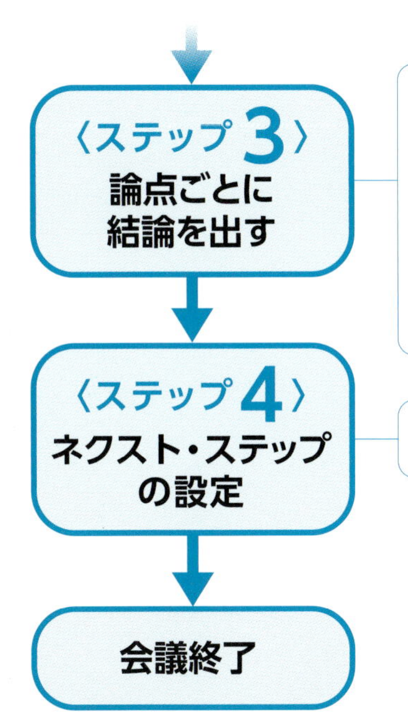

- 議論がまとまった論点から順に、結論を導いていく
- 販促キャンペーンのキャッチフレーズを「フォーカス“1to3”」に決定
- 販促ツールを紙1枚と動画1本に絞る（フォーカス1）
- 紙1枚と動画1本のシンプルなツールで3つのキャンペーン内容（フォーカス3）を告知

- 次の一手として何を行うかを明確にしておく

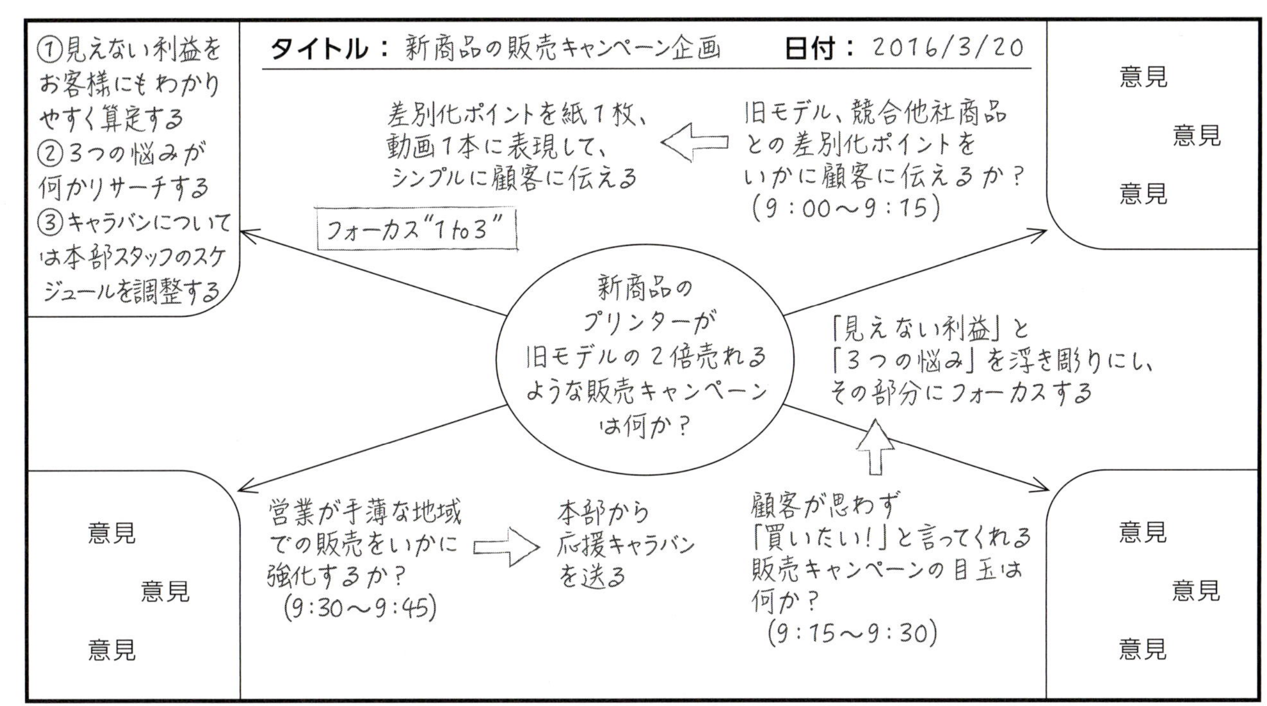

タイトル：新商品の販売キャンペーン企画
日付：2016/3/20
①見えない利益をお客様にもわかりやすく算定する
②3つの悩みが何かリサーチする
③キャラバンについては本部スタッフのスケジュールを調整する
差別化ポイントを紙1枚、動画1本に表現して、シンプルに顧客に伝える
旧モデル、競合他社商品との差別化ポイントをいかに顧客に伝えるか？（9：00〜9：15）
フォーカス“1to3”
意見
意見
意見
新商品のプリンターが旧モデルの2倍売れるような販売キャンペーンは何か？
「見えない利益」と「3つの悩み」を浮き彫りにし、その部分にフォーカスする
営業が手薄な地域での販売をいかに強化するか？（9:30〜9:45）
本部から応援キャラバンを送る
顧客が思わず「買いたい！」と言ってくれる販売キャンペーンの目玉は何か？（9：15〜9：30）
意見
意見
意見
意見
意見
意見

論点ごとに結論を導き、最後に次の一手として何を行うかを明確にする

15

「話の地図」の5大効用

……決断、時短、商談にも効く〝万能フォーマット〟

「話の地図」があれば話し合いがスムーズに進む

前項では**「マッピング会議」**のやり方を見てきましたが、そもそも、どうしてマップ（地図）が必要なのでしょうか？

地図の使い方の1つに道案内があります。道案内は言葉だけでは難しいものですが、もし手元に地図があれば、それを指さし、確認しながら説明できます。

同じように**「話の地図」**があれば、会議や打ち合わせもスムーズに進みます。「話の地図」には、次の5つのメリットがあります。

① 会議の論点がぶれない

話を進めるうちに本筋から離れていってしまうことはよくあります。そんなとき、マップの「論点」を指さし、「現在の論点は○○です」と言えば、議論をもとの路線に戻すことができます。

② 会議を振り返ることができる

「マッピング会議」では、会議の最後に参加者の誰もが簡潔に説明できるようになります。「地図」に書いてあるからです。地図を見直せば、動画再生のように会議の模様が臨場感豊かによみがえります。

③ 会議の時間が大幅に短くなる

「マッピング会議」は、論点ごとに時間を区切って行うため、集中して1つひとつの論点について議論を進めることができます。

④ 必ず全員の意見が出る

「マッピング会議」では、議論に入る前に参加者全員に、各論点について自分の意見を紙に書き出してもらい、それをホワイトボード上のボックスに書き込んでおきます。

こうすることで全員の意見が必ず会議の場で共有されます。

⑤ 物事を構造化して考える力が培われる

「マッピング会議」では、議論がいつも構造化されているのが特徴です。中央に置かれたテーマから放射状に議論が展開していき、最後に結論が導き出されます。

この結果として、会議に参加しているメンバーは、物事を構造化して考える力が培われていきます。

マッピング会議のフォーマットを商談やインタビューなどに使う

「マッピング会議」のフォーマット（アジェンダ・マップ）は、ほかのコミュニケーションでも使えます。商談やインタビューなども、テクニックに頼らずに成果をあげていくことができるようになります。

あらゆるコミュニケーションの目的は、「問い」に「答え」を出すことだからです。

たとえば、情報共有の会議の目的は、あるテーマ（問い）についてみんなで答えを共有することです。ブレーン・ストーミングも、あるテーマ（問い）についてみんなで意見を出し合い、きらりと光るアイデア（答え）を見つけることが目的です。

マッピング会議のフォーマットは、中央に必ず「問い」を立てます。

問いに関連したいくつかの論点を用意し、論点ごとにコミュニケーションを重ね、それぞれに結論を導き、最終的に「答え」を共有するのです。

15 「話の地図」を使う5つのメリット

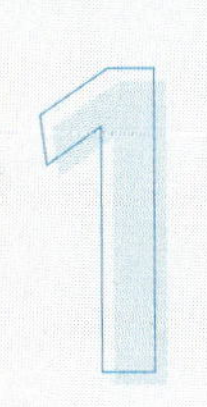

会議の論点がぶれない

会議を振り返ることができる

●誰もが簡潔に説明できるようになる

会議の時間が大幅に短くなる

●論点ごとに時間を区切って行うため、集中して1つひとつの論点について議論できる

必ず全員の意見が出る

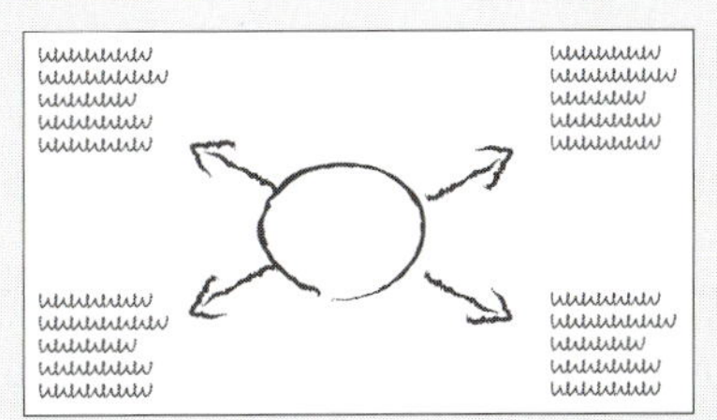

●議論に入る前に参加者全員に、各論点について自分の意見を紙に書き出してもらう

物事を構造化して考える力が培われる

●議論がいつも構造化されている

POINT

マッピング会議は「問い」に関連したいくつかの「論点」を用意し、論点ごとに結論を導き、最終的に「答え」を共有する

16

トヨタ式「コミュニケーションの技術」

……トヨタではなぜ、資料を「A3、1枚」でまとめるのか？

6つの要素を盛り込んだ「トヨタのA3」

ここまで、**紙1枚のフォーマット**をいろいろと紹介してきましたが、紙1枚にまとめる方法はさまざまな企業が取り入れています。その代表ともいえるのがトヨタで、**「トヨタのA3」**と呼ばれます。

左ページの図のように、トヨタでは報告書をA3判の紙1枚にまとめます。

紙1枚に、

①背景　②現状
③ゴール　④課題
⑤解決策　⑥計画

という6つの要素を盛り込みます。

この紙があれば、

「現状はこうです。なぜこうした状況になっているかというと、このような背景があります。現状と背景を踏まえて、私はこれが課題だと考えました。その課題に対する解決策を検討した結果、A案となりました。具体的な計画はこのとおりです」

というような一貫性のある説明を行うことができます。

そんなトヨタの「紙1枚」を象徴するエピソードがあります。

トヨタ生産方式の実践と普及に努めた若松義人氏は、著書『トヨタの社員は机で仕事をしない』（PHP新書）でこんなエピソードを紹介しています。

「全部をいまここで話してくれ」

これはトヨタ自動車創業者、豊田喜一郎氏のひと言です。

アメリカの自動車産業の視察からもどった友人の学者が、「くわしくは報告書にまとめて提出する」と言ったことへの返答です。

喜一郎氏が求めたのは、その場の「口頭」での報告でした。

簡潔に伝えるために考えをシンプルにまとめる

口頭で簡潔に伝えるためには、自分の考えをシンプルに整理しておかねばなりません。

「で、要は何が言いたいの？」「もっと論理的に話してくれないか」と言われないためには、相手の頭の中に「話の地図」を描けるくらいに自分の伝えることが頭の中で整理されている必要があります。

「報告書にまとめてから」ということは、その時点では整理されていないということです。そのとき、友人の学者が紙1枚を取り出して、「では報告しましょう。すべてこの1枚にまとめてあります」と、簡潔な報告を始めることができたらどうだったでしょうか。

喜一郎氏が、あとで報告書を読むために時間をとることも、友人の学者があらためて報告書にまとめるのに膨大な時間を費やす必要もありません。

そんなふうに、〝いつもその場で〟ロジックで伝わる報告書や企画書がつくれるようになれば、仕事の効率はぐんとあがります。

そこで次項からは、紙1枚の報告書や企画書をつくるための「ロジカル・シンキングの3つの型」と、それをまとめるための「1・2・3マッピング」を紹介します。

16 「トヨタのA3」（紙1枚の報告書）

背景

現状

ゴール

課題

解決策

計画

現状はこうです。
なぜこうした状況になっているかというと、このような背景があります。
現状と背景を踏まえて、私はこれが課題だと考えました。
その課題に対する解決策を検討した結果、A案となりました。
具体的な計画はこのとおりです。

6つの要素で、一貫性のある説明を行うことができる

POINT

“いつもその場で”ロジックで伝わる報告書や企画書がつくれれば、仕事の効率がぐんとあがる

17 ロジカルに伝える「3つの型」

……「1メッセージ」「2W1H」「3の法則」

自分の考えを筋道を立てて伝える

自分の考えを筋道を立てて整理し、相手にわかりやすく伝えるための方法が、ロジカル・シンキング（論理的な思考）です。

ロジカル・シンキングの本は数多くあり、本の数だけ方法論もありますが、さまざまな方法のなかで私がおすすめするのは3つだけです。この3つさえ押さえることができれば、自分の考えを論理的に人に伝えるためのテクニックは万全です。

「ロジカル3兄弟」のお話をしましょう。

昔あるところに「ロジカル3兄弟」と呼ばれる仲のいい兄弟がいました。**この3兄弟、ひとたび話し始めると、それはまあロジカルです。それは、彼ら3人はそれぞれに、話の「型」をもっていたからでした。**

それは、次の3つです。

① 1メッセージ
② 2W1H
③ 3の法則

長男の一郎は、話すときはいつも「1メッセージ」で話します。

たとえば、『バナナダイエット』という本の感想を求められると、「この本のメッセージは、ずばり〝バナナを食べればやせる〟ことだよ」と、ひと言で述べます。

3つの型をベースにすれば報告書や企画書が紙1枚にまとまる

次男の二郎は、いつでも「2W1H」で話します。

「2W1H」とは、「What？（何？）」「Why？（なぜ？）」「How？（どうやって？）」の3つです。

『バナナダイエット』の感想を求められると、二郎はこう答えます。

「この本は、何（What？）を言っているかというと、〝バナナを食べてやせる〟方法について書いている。なぜ（Why？）バナナを食べるとやせるかというと、その理由は……。じゃあ、具体的にどうすればいいか（How？）というと……」という具合です。

このように、二郎はつねに「2W1H」で説明します。

三男の三郎は、いつでも「3の法則」で話します。

『バナナダイエット』の感想を求められると、「この本のポイントは『3つ』あります」とか、「この本がほかのダイエット本と違う点は『3つ』あります」などという具合に、とにかく「3」を使って答えるのです。

いかがでしょうか。

・1メッセージ
・2W1H
・3の法則

この3つを使えば、誰でも論理的に自分の考えを述べることができるのです。ロジカル・シンキングに必要な型は、この3つです。

これら3つの型さえあれば、自分の考えを整理するのがとても楽になり、人にもわかりやすく伝えることができます。

そして、この型をベースにすると、どんな報告書や企画書も紙1枚にまとめることができるのです。

17 ロジカル3兄弟のロジカルな話し方

1 1メッセージ

2 2W1H

3 3の法則

「1メッセージ」「2W1H」「3の法則」を使えば、どんな報告書や企画書も紙1枚にまとめられる

18 最短・最速で企画書をつくる方法

……「1・2・3マッピング」で紙1枚の企画書をつくる

まず1メッセージを示し 2W1Hで内容を説明する

「1メッセージ」「2W1H」「3の法則」の3つの型を使った手法を「1・2・3マッピング」といいます。3つの型の頭の数字をとって「1・2・3」です。

フォーマットは左ページのとおりです。

まず、話の核となる「1メッセージ」を中央に置き、その周りに「2W1H」のボックスをつくります。各ボックスにはそれぞれ3項目ずつ書き込めるようにします。

さらに、右上に「1Action（アクション）」というボックスをつくっておきます。これは、企画などを提案する際、相手にしてほしいことを明確にするために設けるものです。説明のあとで、「で、とりあえず何をしたらいいの？」と言う相手に対して、「まず、これをやってください」と1つの行動（1アクション）を示します。

では、実際のケースで見てみましょう。あなたが人事担当者で、「自律型人材の育成」について企画案を出すことを想定します。

「1メッセージ」は次のように示します。

「気づきメモ」と「できたリスト」を毎日実践し、「指示待ち」から「自律型人材」へ

「2W1H」は次のとおりです。

What?には、提案内容を3つ示します。

①その日気づいたことを「気づきメモ」に記入していきます。

②その日できたことを「できたリスト」に記入していきます。

③「気づきメモ」と「できたリスト」を習慣化して、「気づき」を起点とした行動の好循環サイクルを生み出します。

Why?には、提案理由を3つ示します。

①気づいたこと、できたことを記録するだけなので、誰でも簡単にできます。

②「気づきメモ」で気づいた数だけカイゼンの種が増え、「できたリスト」で自分の成長を実感できるようになるので、やる気に満ち、自己の重要感が高まります。

③自分で気づいて変われるようになるので、指示される前に気づいて、自ら行動できる「自律型人材」が増えていきます。

How?では、「気づきメモ」と「できたリスト」の3つの活用法を説明します。

①「気づきメモ」と「できたリスト」を毎日記録し、終業時に「気づきメモ」は各部の「気づき箱」の中へ、「できたリスト」は机の上に置いてから帰ることを日課とします。

②当面は、気づきの質やできたことの質は問わず、数だけにフォーカスします。気づいた数、できた数だけ評価していきます。

③月に1回、「気づき」と「できた」数を集計し、各部で個人を表彰します。そして、経営幹部がこの活動を通じて生まれたエピソードを全社員にフィードバックします。

最後に「1アクション」にまとめます。

「気づきメモとペンを胸ポケットに入れておく」ことです。気づいた瞬間に記録するという行動を習慣化することから始めます。

このように、ぜひロジカル3兄弟（3つの型）を相棒に、「1・2・3マッピング」をつくってみてください。

18 「1・2・3マッピング」のフォーマット

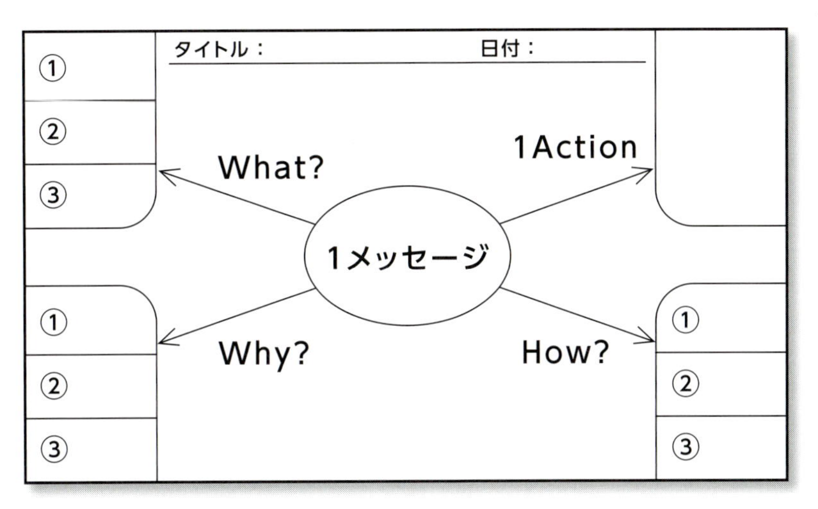

●「自律型人材の育成」についての企画案

タイトル：　　　　　日付：

What?

① その日気づいたことを「気づきメモ」に記入していきます。
② その日できたことを「できたリスト」に記入していきます。
③「気づきメモ」と「できたリスト」を習慣化して、「気づき」を起点とした行動の好循環サイクルを生み出します。

1Action

「気づきメモとペンを胸ポケットに入れておく」ことです。気づいた瞬間記録するという行動を習慣化することから始めます。

1メッセージ

「気づきメモ」と「できたリスト」を毎日実践し、「指示待ち」から「自律型人材」へ

Why?

① 気づいたこと、できたことを記録するだけなので、誰でも簡単にできます。
②「気づきメモ」で気づいた数だけカイゼンの種が増え、「できたリスト」で自分の成長を実感できるようになるので、やる気に満ち、自己の重要感が高まります。
③ 自分で気づいて変われるようになるので、指示される前に気づいて、自ら行動できる「自律型人材」が増えていきます。

How?

①「気づきメモ」と「できたリスト」を毎日記録し、終業時に「気づきメモ」は各部の「気づき箱」の中へ、「できたリスト」は机の上に置いてから帰ることを日課とします。
② 当面は、気づきの質やできたことの質は問わず、数だけにフォーカスします。気づいた数、できた数だけ評価していきます。
③ 月に1回、「気づき」と「できた」数を集計し、各部で個人を表彰します。そして、経営幹部が、この活動を通じて生まれたエピソードを全社員にフィードバックします。

ロジカル3兄弟（3つの型）を相棒に、「1・2・3マッピング」をつくってみよう

19 相手の心をつかむプレゼンテーション

……「物語プレゼンテーション」の5つのポイント

感動する話にはストーリーがある

人を動かすプレゼンテーションの方法を紹介しましょう。

あなたが人の話を聞いて、思わず引き込まれてしまうのはどんなときでしょうか？「話し方」もありますが、それ以上に大きな要素は「ストーリー（物語）」です。

プレゼンテーションといえば、アップルのスティーブ・ジョブズ氏があまりにも有名です。堂々とした立ち居振る舞い、上手な間の取り方、商品を魅力的に紹介するテクニック。しかし、聴衆が引き込まれたのは、なによりも彼のプレゼンテーションにストーリーがあったからです。

アップルがｉＰｈｏｎｅを発表したとき、ジョブズ氏はこんなことを言いました。

「今回、アップルが電話を再発明する」

え、どういうこと?と、思わず気になります。従来の電話と何が違うのか？　その背景を聞いてみたくなります。

ジョブズ氏に限らず、世界で活躍する経営者や企業は、商品にストーリー性をもたせて、人を引き込むのが本当に巧みです。

では、ストーリーで人を動かすにはどうすればいいのでしょうか。そのために必要なのが、「物語プレゼンテーション」の型です。

このとおりに資料をつくってプレゼンができれば、間違いなくこれまでよりもいいものになります。

「物語プレゼンテーション」の5つのポイント

「そもそも、ストーリー（物語）って何？」と言う方も多いかもしれません。

ストーリーを考えるときに参考にするのは、映画やテレビ番組です。映画やテレビは、いわば画面を見ているすべての人々に向けたプレゼンテーションです。人々を引き込むという点でいちばん勉強になる素材です。

私はテレビや映画を見るときは、いつも「16分割メモ」のマス目を各シーンに見立てて話の展開を書きとめるのですが、そうしてわかったことは、どんな番組、映画にもお決まりのパターンがあるということです。

「相棒」「サザエさん」「情熱大陸」など、人気番組には決まった型が存在します。この型を活かしたツールが「物語プレゼンテーション」です。

次項から詳しく順を追って説明しますが、まずは左ページに載せたフォーマットをご覧ください。このフォーマットに沿って作業していくだけで、丸1日かかっていたプレゼンテーションの準備を1時間足らずで完成させることも可能です。

物語プレゼンテーションのポイントは、次の5つです。

① ストーリーは3幕構成でつくる
② 第1幕（オープニング）と第3幕（エンディング）をはっきりさせる
③ 第1幕は「現状」「変化」「問い」で引き込む
④ 第2幕には「3つの階段」を盛り込む
⑤ 第3幕は1メッセージで伝える

それぞれ説明していきましょう。

19 「物語プレゼンテーション」のフォーマット

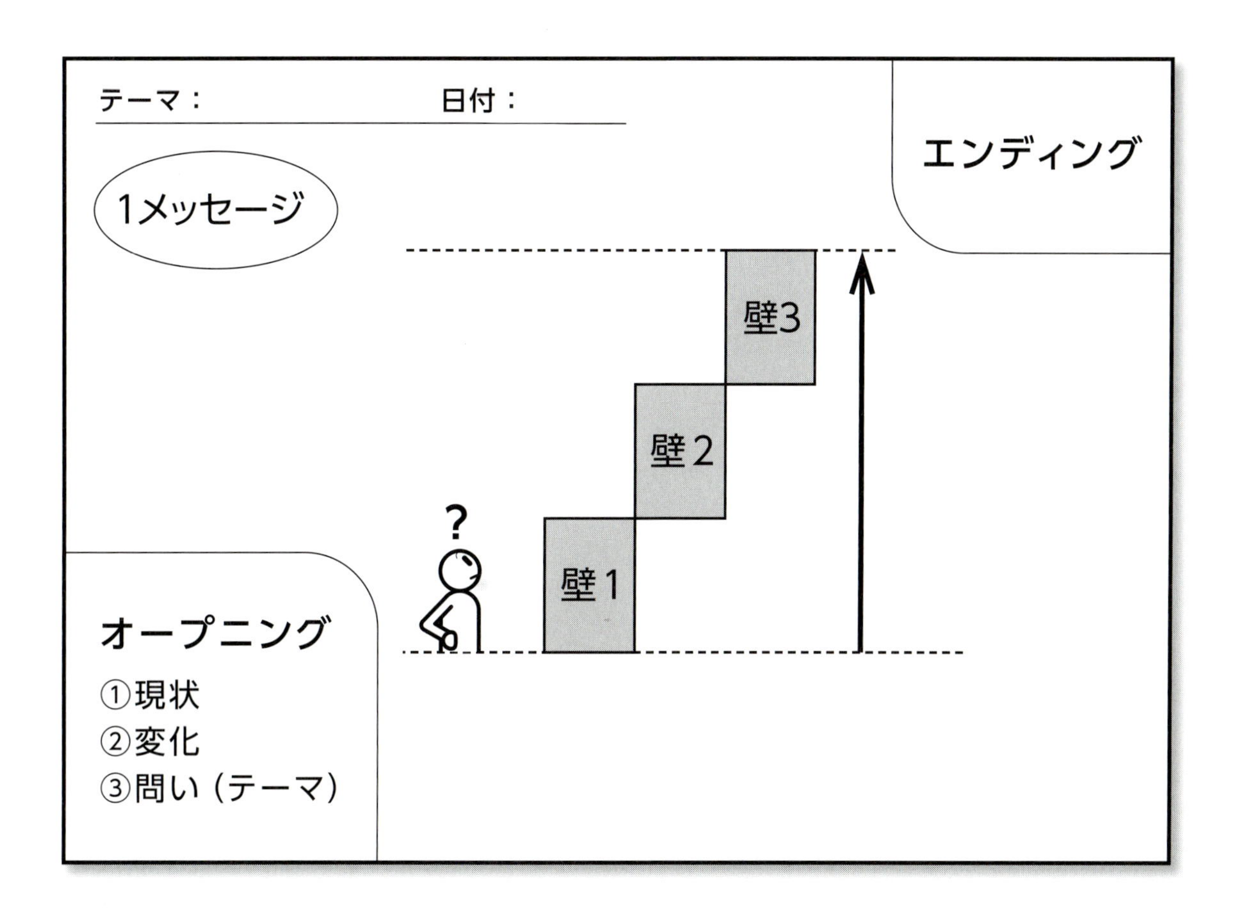

物語プレゼンテーションを行うポイント

① ストーリーは3幕構成でつくる
② 第1幕（オープニング）と第3幕（エンディング）をはっきりさせる
③ 第1幕は「現状」「変化」「問い」で引き込む
④ 第2幕には「3つの階段」を盛り込む
⑤ 第3幕は1メッセージで伝える

「物語プレゼンテーション」を使って、
ストーリーで人を動かす

プレゼン・ストーリーは「３幕構成」でつくる

……鍵はオープニングとエンディング

「桃太郎」に３幕構成を学ぶ

「物語プレゼンテーション」の第一のポイントは、３幕構成です。

主人公（相手）の成功ストーリーが、第１幕→第２幕→第３幕という流れで展開していきます。

第１幕はオープニング……何が？
第２幕はメイン……どのようにして？
第３幕はエンディング……どうなった

と考えてください。これがあらゆるプレゼンテーションの基本になります。

たとえば、「桃太郎」の物語。

第１幕　桃から生まれた桃太郎が、
第２幕　おばあさんからきび団子をもらって鬼退治にでかける。途中、サル・イヌ・キジを家来にして、鬼ヶ島で鬼たちを退治する。
第３幕　桃太郎は宝を持ち帰った。

これが、「何が、どのようにして、どうなった」という３幕構成の典型です。

第１幕（オープニング）、第２幕（メイン）、第３幕（エンディング）という構造が、すべての物語のベースになります。

まず考えるのはオープニングとエンディング

３幕構成の構造をさらに詳しく見ていきましょう。

まず考えるのは、第１幕と第３幕です。

前述のように、第１幕はオープニング、第３幕はエンディングという位置づけです。これは、始まりと終わり。言い換えれば、

第１幕＝オープニング……何が？
第３幕＝エンディング……どうなった

を盛り込む必要があるということです。「何が？」「どうなった」を明確にすることからストーリーは始まります。

たとえば、伸び悩んでいたＡという商品の売上げがアップしたことを社内に報告するときはこうなります。

オープニング＝何が？……売上げの低迷していたＡ商品が、
エンディング＝どうなった……対前年比２００％まで売上げが急伸した。

このように語れば、物語が成立していることになります。

ところが実際のプレゼンテーションでは、このオープニングとエンディングが明確になっていなかったり、ポイントがずれていたりすることがじつに多いのです。

プレゼンのあとに、相手から「言いたいことがよくわからなかった」と言われてしまう場合、２つのことが考えられます。

それは、「何が？」はあっても、「どうなった」という結論があいまいになっているケース、もしくは、「何が？」に対しての結論「どうなった」がずれてしまっているケースです。

「何が？」というオープニング→「どうなった」というエンディングが明確になっていれば、聞き手のなかに、「どうしてそんなことが起こったんだろう？」「どうやって実現できたんだろう？」という興味が芽生え、話に引き込まれていきます。

20 「物語プレゼンテーション」は3幕構成

- 桃から生まれた桃太郎が

第2幕は
メイン
……どのようにして？

- おばあさんからきび団子をもらって鬼退治にでかける
- 途中、サル・イヌ・キジを家来にして、鬼ヶ島で鬼たちを退治する

第3幕は
エンディング
……どうなった

- 桃太郎は宝を持ち帰った

「何が?」（オープニング）→「どうなった」（エンディング）が明確であれば、聞き手は興味をもち、話に引き込まれていく

21

第1幕は「3つの要素」で人を引きつける

……「現状」「変化」「問い」を盛り込む

オープニングに盛り込む3つの要素

物語プレゼンテーションのオープニングである第1幕について、もう少し詳しく見ていきます。

第1幕に必要なのは「何が?」という要素でした。物語の主人公の設定です。

主人公の設定とは、「そもそも誰のためのプレゼンテーションなのか?」をはっきりさせることです。

主人公はお客様なのか、取引先なのか、自分の会社や社員なのか。自分がプレゼンをする相手を明確にします。

相手が誰でもいいようなプレゼンは、

「あ〜、このプレゼンはほかのクライアント向けにつくったものを、ちょっとアレンジして使い回しただけだな」

「これって、うちの会社だけじゃなくて、ほかの会社にもあてはまる戦略プランだな」

というように、インパクトに欠けたものになります。

主人公のいない映画が成り立たないように、主人公が明確でないプレゼンテーションは威力が落ちるのです。

では、どうすれば主人公を魅力的に設定できるのでしょうか。それは、次の3つの要素を盛り込むことです。

① 現状……主人公が現在置かれている状況

② 変化……現状に変化をもたらす出来事や解決策

③ 問い（謎）……物語の展開を端的に表すひと言

「問い（謎）」に引き込まれて最後まで見たくなる

ディズニー映画でもよく知られるルイス・キャロルの小説『不思議の国のアリス』を例に挙げて説明していきましょう。

現状……アリスは、大人になることに漠然とした不安を抱いている。

変化……ある日、ヘンテコなうさぎが現れる。そのうさぎの後を追いかけていくと穴に落ちた。

問い（謎）……穴に落ちたアリスはどうなったの?

これがオープニングです。

いつもと変わらぬ日常（現状）に、あるとき変化が起こります。それをきっかけに物語が始まります。物語の始まりのスタートボタンを押すのは、いつも「問い（謎）」です。

人は、オープニングの問い（謎）に引き込まれて、それを解き明かすクライマックスまでのドラマを最後まで見たくなるのです。

新商品のプレゼンテーションであれば、

現状……ゲームメーカーA社は、最近目立ったヒットを出していない。

変化……デビュー以来ベストセラーを連発している有名小説家が、A社の新作ゲームのシナリオを書くことになった。

問い（謎）……渾身の1作でA社はヒットを生むことができるのだろうか?

このように、第1幕（オープニング）に3つの要素を盛り込むことで、主人公を魅力的に設定でき、聞き手をプレゼンテーションに引き込むことができます。

21 オープニングには「3つの要素」を盛り込む

「何が？」＝物語の主人公の設定

（プレゼンをする相手を明確にする）

↓

3つの要素を盛り込む

1 現状……………… **主人公が現在置かれている状況**

2 変化……………… **現状に変化をもたらす出来事や解決策**

3 問い（謎）……… **物語の展開を端的に表すひと言**

〈現状〉

ゲームメーカーA社（主人公）は、最近目立ったヒットを出していない

〈変化〉

デビュー以来ベストセラーを連発している有名小説家が、A社（主人公）の新作ゲームのシナリオを書くことになった

〈問い（謎）〉

渾身の1作でA社（主人公）はヒットを生むことができるだろうか？

第1幕（オープニング）に3つの要素を盛り込めば、主人公を魅力的に設定できる

第2幕で「3つの階段」を見せる

……壁をクリアするための「鍵」を用意する

エンディングに向かって3つの階段をのぼる

オープニングで十分に聞き手を引きつけたら、第2幕（メイン）に進みます。

先ほど桃太郎の例を出しました。

第1幕　桃から生まれた桃太郎が、

第2幕　おばあさんからきび団子をもらって鬼退治にでかける。途中、サル・イヌ・キジを家来にして、鬼ヶ島で鬼たちを退治する。

第3幕　桃太郎は宝を持ち帰った。

このうち、第2幕は3つの段階に分けられます。3つの段階を進むことを、3つの壁を越えると考えてください。「桃太郎」の第2幕には次の3つの壁があります。

壁1　おばあさんからきび団子をもらう

壁2　サル・イヌ・キジを家来にする

壁3　鬼ヶ島で鬼たちを退治する

1つめの壁は「食料」、2つめの壁は「仲間」、3つめの壁は「戦い」です。エンディングに向かって3つの段階を経ているのです。

まず桃太郎はきび団子を手に入れ、「食料」という壁をクリアします。続いて、サル・イヌ・キジを仲間にし、「仲間」という壁をクリアします。最後に鬼退治をして「戦い」の壁をクリアし、理想の状態（鬼たちのいない幸せな村）を手に入れます。

このように、理想の姿（第3幕）に向かって、壁を克服していくのが基本的な構造です。ですから、プレゼンでは、第2幕には克服すべき壁を用意し、その壁をクリアするための「鍵（解決策）」を提示します。

たとえば、こんな感じです。

第1幕……新規のチェーン居酒屋に押されて利益が激減している個人経営の居酒屋が、利益を回復することができるか。

第2幕……3つの壁を乗り越える。

・第1の壁＝集客。生ビールを1杯150円で提供して客数を大幅にアップさせる。

・第2の壁＝原価率。仕入れ食材の見直し、食材ルートの変更によって原価率を下げる。

・第3の壁＝客数。店舗レイアウトを変更して席数を増やす。

第3幕……利益を20％回復させる。

ひと言で伝えるための1メッセージをつくる

物語プレゼンテーションの最後のポイントは、「ひと言で伝える」こと。

あれもこれもと詰め込みすぎて、「で、要するに何なの？」と思われるのではなく、ひと言「なるほど！」と大きくうなずいてもらえるプレゼンにしましょう。「1・2・3マッピング」で説明した「1メッセージ」を使います。「ひと言でいうと要するに何？」と聞かれたときに、それに答えるひと言です。そのために、伝えたいことを1つに絞り込みます。

3幕の構成を考え、第2幕の3つの壁のシナリオができたら、ストーリーを1メッセージに結晶化します。

桃太郎のケースでは、「桃太郎が仲間と鬼退治に成功し、宝を村に持ち帰った」となります。

ストーリーを1メッセージにまとめれば、紙1枚の「物語プレゼンテーション」は完成です。

22 エンディングに向かって3つの階段をのぼる

オープニング（第1幕）……聞き手を引きつける

メイン（第2幕）……………………3つの壁を乗り越える解決策を提示する

エンディング（第3幕）………理想の状態を示す

テーマ：居酒屋の再生　　日付：2016/5/20

1メッセージ　苦境に陥った個人経営の居酒屋が、新規チェーン店の攻勢を押し返し、利益を回復させた

エンディング（第3幕）
利益を20%回復させる

メイン（第2幕）

壁3 =客数
店舗レイアウトを変更して席数を増やす

壁2 =原価率
仕入れ食材の見直し、食材ルートの変更によって原価率を下げる

壁1 =集客
生ビールを1杯150円で提供して、客数を大幅にアップさせる

オープニング（第1幕）

①現状　個人経営の居酒屋が、新規チェーン店に押されて利益激減
②変化　再建策を検討
③問い（テーマ）　巻き返しは可能か？

ハッピーエンディング（第3幕）のために、メイン（第2幕）に3つの壁を設定し、それを乗り越える

「Sの付箋」でつくるプレゼン・ストーリー

物語プレゼンテーションのプロセスは、第1章で説明した「Sの付箋」を使って一気に埋めていくことができます。

「Sの付箋」の要素は次の5つでした。

①誰の？
②何が？
③どのように？
④どうなった？
⑤要するに？

これら5つの要素を埋めていくと、ストーリーの第1幕から第3幕までの項目をすっきりとまとめることができるのです。

「Sの付箋」の要素のうち、

「誰の？」は主人公
「何が？」は第1幕
「どのように？」は第2幕の壁
「どうなった？」は第3幕
「要するに？」は、ストーリーを要約する1メッセージ

にそれぞれ該当します。

下の図は、Sの付箋と物語プレゼンテーションの関係です。アイコンで関係を確認してください。

第1幕～第3幕までの要素を、「Sの付箋」をもとに設定していくと、それがそのまま物語プレゼンテーションの内容になります。

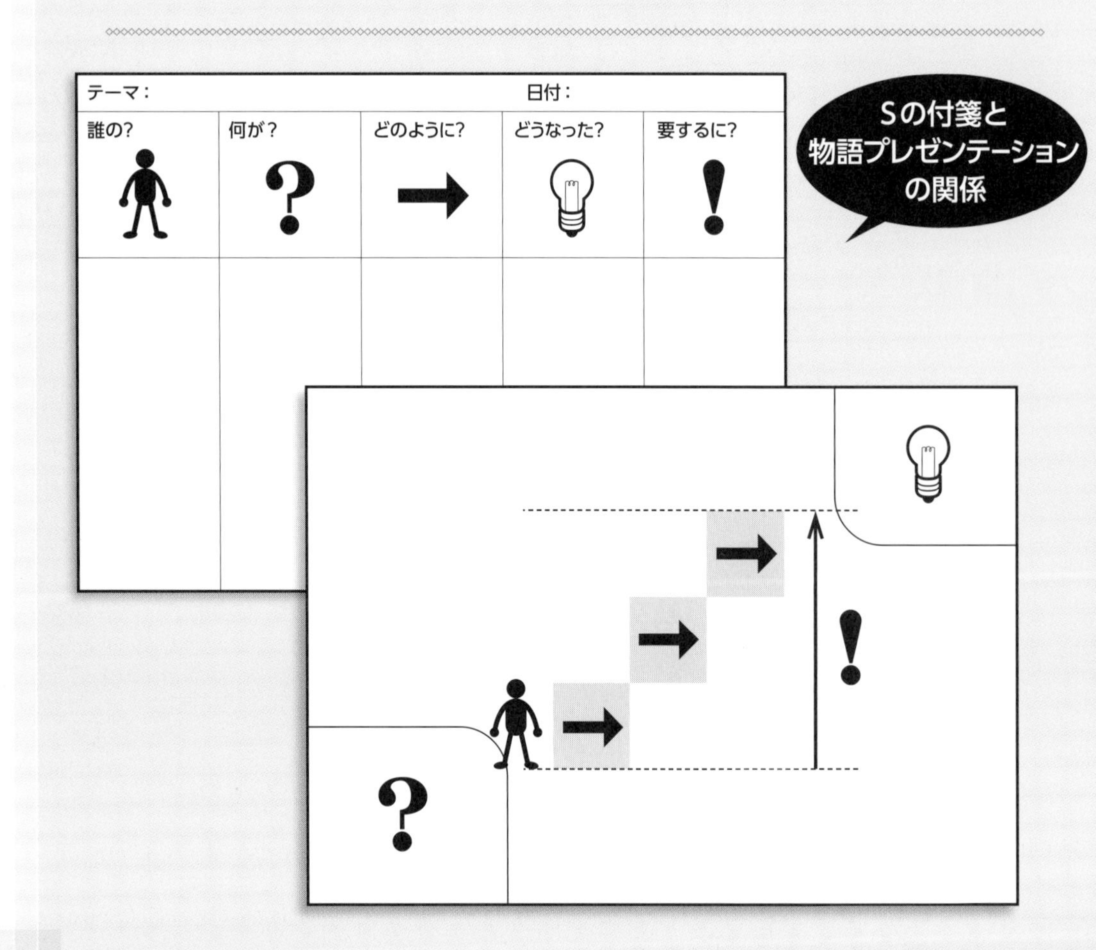

第3章

1冊を15分で読み、要点を「紙1枚」に整理する

23

「1冊15分」で読んで「紙1枚」にまとめる

……アウトプット力がみるみる高まる「整読」

アウトプットを考えて本を読む

ふと立ち寄った書店で、タイトルに引かれて1冊の本を手に取る。ちょっと目を通してみると、内容がずんずん心に響き、いてもたってもいられず、そのままレジへ。自宅に帰ってさっそく読み始める。

ページをめくるたびに、「なるほど！」「そうか！」と思わず膝を打ちたくなるほど共鳴し感動する。時間が経つのも忘れてページをめくり、大きな満足感をもって読み終える。「いい本だったなあ」。そして本を静かに閉じて本棚へ。しかし、2～3日すると感動は薄れ、そのうちに内容を忘れ、読んだことさえ忘れ、また別の本を読む。

こんな経験はないでしょうか。これではせっかくの読書体験が活かされません。

あるいは、こんな悩みもあるでしょう。

「読まなくてはいけない仕事の本や資料が大量にあるのに、速く読みこなせない」

「本で学んだことを実行できない」

仕事に関連する書籍や資料を数多く読むときには速読が求められますが、大切なことは、速く読むだけでなく、本から得た知識を仕事や勉強に活かすことです。アウトプットを考えて読まなくてはなりません。それを可能にするのが「整読（せいどく）」です。

第1章の「キラー・リーディング」では、インプットに比重を置きましたが、「整読」ではアウトプットをより重視しています。

整読とは、

- **本を1冊15分で読む。**
- **本から得た情報を「紙1枚」にまとめる。**
- **その内容を人に的確に伝える。あるいは、実際にアクションを起こす。**

そんな本の読み方です。

必要なのは「紙1枚」。複雑なトレーニングは一切ありません。

ここからの第3章、第4章では、整読を体系化した7種類の読書法を紹介します。

7つの整読フォーマットを、あなたの目的に合わせて使っていくことで意味のある速読ができるようになります。

読んだ内容を人に伝える

整読は、資格試験、事業や企画の発案、問題解決、プレゼンテーション、お客様への提案など、あらゆる成果に直結します。

『思考の整理学』（ちくま文庫）の著者・外山滋比古さんは、次のように語っています。

「せっせと本を読む。読めば知識は増える。材料はいよいよ多くなるが、それだけ、まとめはいっそうやっかいになる。こうして、たいへんな勉強家でありながら、ほとんどまとまった仕事を残さないという人ができる」

読むだけでは、知識は増えても成果につながらない。その処方箋として「とにかく書いてごらんなさい」と言います。思考を整理するには書くことが大切だと強調しています。

「読むだけ」の読書を卒業して、「人に伝えられるかどうか」というアウトプットを意識しましょう。「読み・書き・プレゼン」をワンセットにした読書を行うのです。

23 読んだ内容を仕事に活かそう

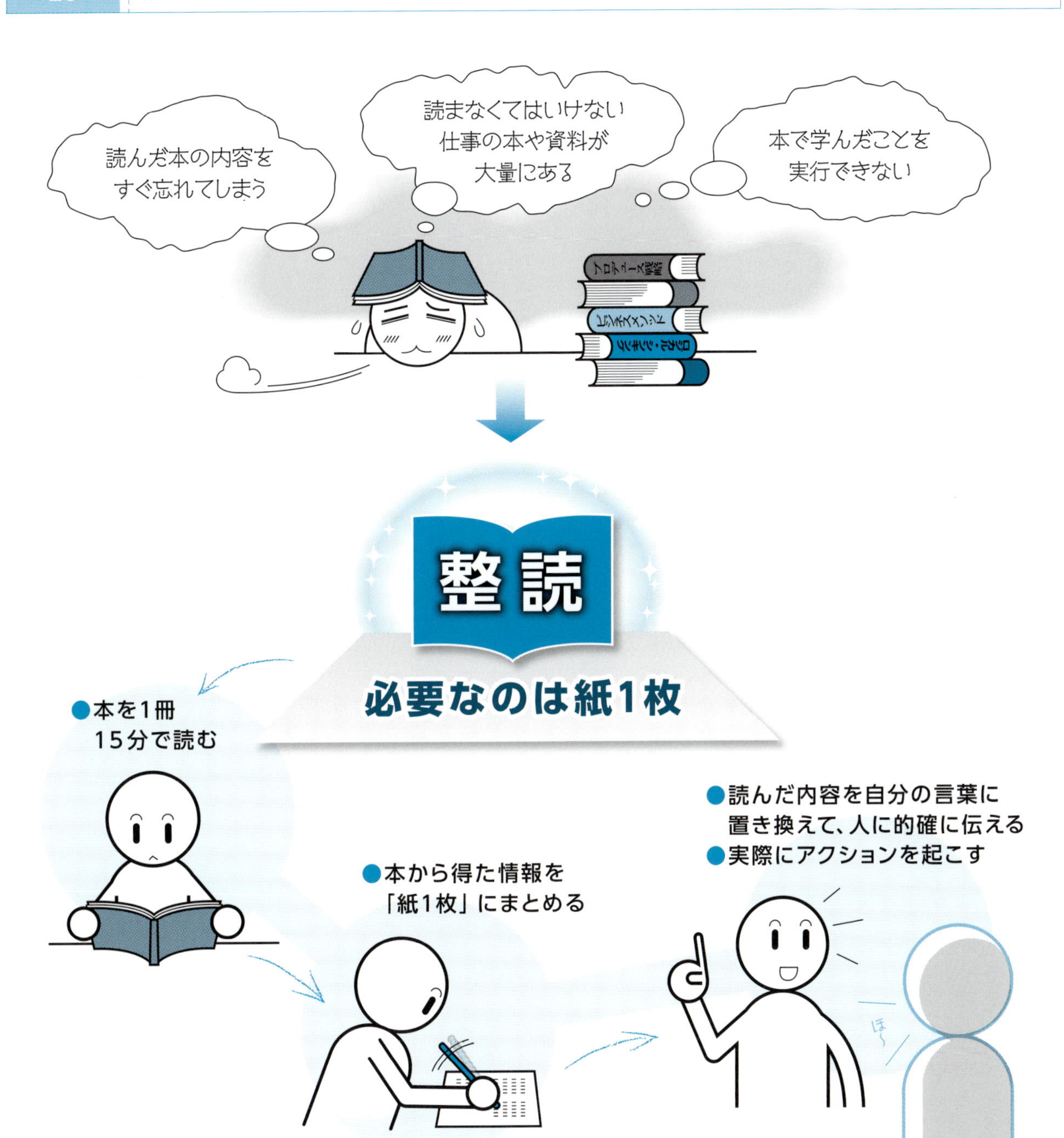

「読むだけ」を卒業して、「人に伝えること」（アウトプット）を意識して本を読もう

24

「整読」の基本ステップ1〜2

……具体的な「問い」を立てる

本から得たいものは何か ――7種類の整読法から選ぶ

「整読」では、まずは「何のためにその本を読むのか」を明確にします。

目的があいまいなまま本を読んでいる人がいますが、それでは本は読みっぱなしになります。そこで整読では、読む目的（アウトプットの種類）を7つに分けました。

1「行動」につながる読み方＝アクション・リーディング
2「解決」につながる読み方＝ソリューション・リーディング
3「視点」を変える読み方＝ブレイクスルー・リーディング
4「原理原則」を見つける読み方＝プリンシプル・リーディング
5「本質」を見極める読み方＝マスターキー・リーディング
6「師匠」に教えを乞う読み方＝バイブル・リーディング
7「未来」へ導く読み方＝ビジョナリー・リーディング

求めるのが「行動」か、「本質」か、「未来」なのかなどによって、読書の仕方を変えていくのです。それぞれの目的に合った「紙1枚」のフォーマットを使いながら本を読みます。

6つのステップで整読を進める

「整読」は、次の6つの基本ステップで進めていきます。時間は15分間です。

①ゴールを明確にする
②「問い」を立てる
③16のキーワードを抜き出す
④3つのキーワードを抽出する
⑤1つのアクションを導き出す
⑥30秒で説明する

例を挙げて、順を追って見てみましょう。

〈ステップ1　ゴールを明確にする〉

いまあなたは20代で、転職を考えているとします。そこで、ある転職コンサルタントが書いた本を手に取りました。読み始める前に読書のゴールを決めましょう。

「転職で成功する秘訣を知る」というのでは抽象的すぎます。より具体的に、「1年後に年収1000万円を実現する転職を果たす」などとします。

〈ステップ2　「問い」を立てる〉

次に、著者に聞きたいこと、その本を読むことで得たいことを具体的に設定します。

あいまいな「問い」では、あいまいな「答え」しか得られません。次のように、具体的な行動に結びつく「問い」を立てましょう。

1年後に年収1000万円を実現するために、それまでに何を捨て、何に磨きをかけるべきか。そして、その一歩を踏み出すために、明日から実践するアクションは何か？

こうすると、「ゴールを実現するために何をすればいいのか」「どんな方法があるのか」について、本から具体的な「答え」を引き出すことができます。本の著者から15分間の集中コンサルティングを受けるような意識で読むのです。

いよいよステップ3からは、15分をかけて、整読を実行します。

24 読書の目的に合わせた「7つの整読法」

1 「行動」につながる読み方
アクション・リーディング

2 「解決」につながる読み方
ソリューション・リーディング

3 「視点」を変える読み方
ブレイクスルー・リーディング

4 「原理原則」を見つける読み方
プリンシプル・リーディング

5 「本質」を見極める読み方
マスターキー・リーディング

6 「師匠」に教えを乞う読み方
バイブル・リーディング

7 「未来」へ導く読み方
ビジョナリー・リーディング

本を読み始める前に「何のためにその本を読むのか」を明確にしよう

25

「整読」の基本ステップ3～6

……キーワードを絞り込んで、1アクションを導き出す

フォーマットの16の枠にキーワードを書き込んでいく

〈ステップ3　16のキーワードを抜き出す〉

具体的な「問い」が設定できたら、ここから15分間が勝負の時間です。第3ステップでは、16のキーワードを抜き出します。

ここから、7つの目的に応じたフォーマットを使います。次ページの下段に載せたのは、第1章（19ページ）で紹介した「キラー・リーディング」のフォーマットです。これを整読フォーマットとして使います。左側の16のマスに、抜き出したキーワードを記入していきます。

16マスには、「見た目（整理）」と「制約（選択）」の2つの役割があります。

ただの読書メモではキーワードが散漫になりますが、枠を設けて記入していくことで、キーワードをひと目で整理・分類できます。

また、「16」という制約によって、あれこれ盛り込みたい衝動を抑え、自らの手で「選択」できるようになります。

では、抜き出す方法です。

まずは表紙や帯、著者のプロフィールを眺めてください。タイトルや帯の文句で本のテーマを知り、プロフィールで著者のバックグラウンドや専門性などを把握します。

続いて、まえがきと目次に目を通します。

次に、本文を読んで16のキーワードをピックアップしていきます。かける時間は10分。ステップ2で設定した「問い」に関連するキーワードを、1つあたり30秒くらいのペースでマスの中に記入していきます。

じっくり読むのではなく、雑誌をパラパラめくりながら読んでいく感覚です。キーワードをピンポイントで狙い撃ちしていきます。

〈ステップ4　3つのキーワードを抽出する〉

ステップ4では、3つのキーワードを抽出し、トライアングルの丸枠に記入します。

まず、抜き出した16のキーワードを見比べ、類似のものに同じ色で丸をつけたり、関連するキーワードを矢印や線で関連づけたりしながら、整理していきます。とくに重要だと思われるキーワードは赤丸をつけるなどして、目立たせます。「問い」に対する「答え」を象徴するようなキーワードを選んでください。

こうして16のキーワードを整理できたら、ここからは「自分の言葉」を使って表現していきます。抜き出したキーワードは、著者からの「借り物の言葉」です。それを「自分の言葉」に置き換えます。

この繰り返しで、「自分の言葉」で相手の心にズシリと響くような表現力が身についていくのです。

〈ステップ5　1つのアクションを導き出す〉

ステップ4で抽出した3つのキーワードから、あなたが明日から実践する1つのアクションを導き出します。これが、ステップ2で立てた「問い」に対する「答え」です。

〈ステップ6　30秒で説明する〉

最後に、整読によって何を得て、何を実践することにしたのかを言葉にします。

3つのキーワードと1アクションを使えば、論理的で簡潔な説明が30秒でできます。

以上の6ステップが「15分整読術」の基本的な流れです。

25 「整読」の6ステップと基本フォーマット

●「整読」の6つのステップ

●最も基本的な整読フォーマット

キーワード 1	キーワード 9	書名：　日付：
キーワード 2	キーワード 10	
キーワード 3	キーワード 11	キーワード　1アクション
キーワード 4	キーワード 12	
キーワード 5	キーワード 13	問い
キーワード 6	キーワード 14	
キーワード 7	キーワード 15	キーワード　キーワード
キーワード 8	キーワード 16	

3つのキーワードと1アクションを使えば、
論理的で簡潔な説明が30秒でできる

26

「行動」につながる読書①

……アクション・リーディングのステップ1〜3

わかりやすい文章を書く方法を池上彰さんに学ぶ

あなたは新卒1年目。論理的に物事を考えるのが苦手で、報告書や提案書には、ついあれこれと詰め込んでしまいます。そのため、上司からは「もっとわかりやすく説明してくれ」「要するに何を言いたいんだ」と言われ、どうにかしたいと悩んでいます。

今回はこのシチュエーションで、**「行動につながる読み方＝アクション・リーディング」**を解説していきましょう。使うのは、最も基本的な整読のフォーマットです（61ページ参照）。

「アクション・リーディング」のための本の選定は、次の2つの視点で行います。

①共感できるかどうか

②いま抱えている課題の解決に直結するか

この視点で、あなたは1冊の本を手に取りました。池上彰さんの『伝える力』（PHPビジネス新書）です。

〈ステップ1　ゴールを明確にする〉

「アクション・リーディング」によって、あなたが手に入れるのは**「1アクション」**です。**そのポイントは、次の2つです。**

「ぜひともやってみたい！」

「自分でも明日から実践できる！」

ここでは、簡潔に伝わるわかりやすい文章を書けるようになるための「1アクション」を得ることがゴールです。

〈ステップ2　「問い」を立てる〉

フォーマットに「問い」を書き込みます。次のような「問い」を立てます。

「池上彰さんのように、簡潔に伝わるわかりやすい文章を書けるようになるために、明日から実践し、習慣化する『1アクション』は何か？」

以下のステップは、この「問い」をベースに進めていきます。

〈ステップ3　16のキーワードを抜き出す〉

「問い」をトライアングルの中央に置いたら、制限時間は15分です。

本から、この「問い」に関連する「これはぜひ真似したい」と思う行動を中心に抜き出していきます。行動のほかにも「これは重要だ」と思える事柄も抜き出していきましょう。抜き出すキーワードは全部で16個です。

まずはカバー、目次、プロフィール、まえがきをざっと眺めます。

続いて、左手で本文をパラパラめくりながら、「なるほど、過去にこんな実践をしてきたからいまのわかりやすさがあるのか」とか、「これはぜひ真似したい！」「これが池上彰さんの伝え方のポイントだ」というように、心が動いたものを中心に「問い」に関連する言葉をピックアップして、フォーマットの枠に1つずつ書き込んでいきます。今回は次のようなキーワードを抜き出しました。

「伝える　伝えたい」「30秒ルール」「謙虚にならなければ物事の本質は見えない」「アウトプットのためにはインプットが必要」「思い立ったらすぐメモ」「暗記するだけでは『わかった』ことにはならない」「綾小路きみまろのさんの愛情ある言葉」……。

こうして、16個のキーワードを抜き出したら、次のステップに移ります。

26 「アクション・リーディング」の具体的な方法

まず、「問い」を書き込む

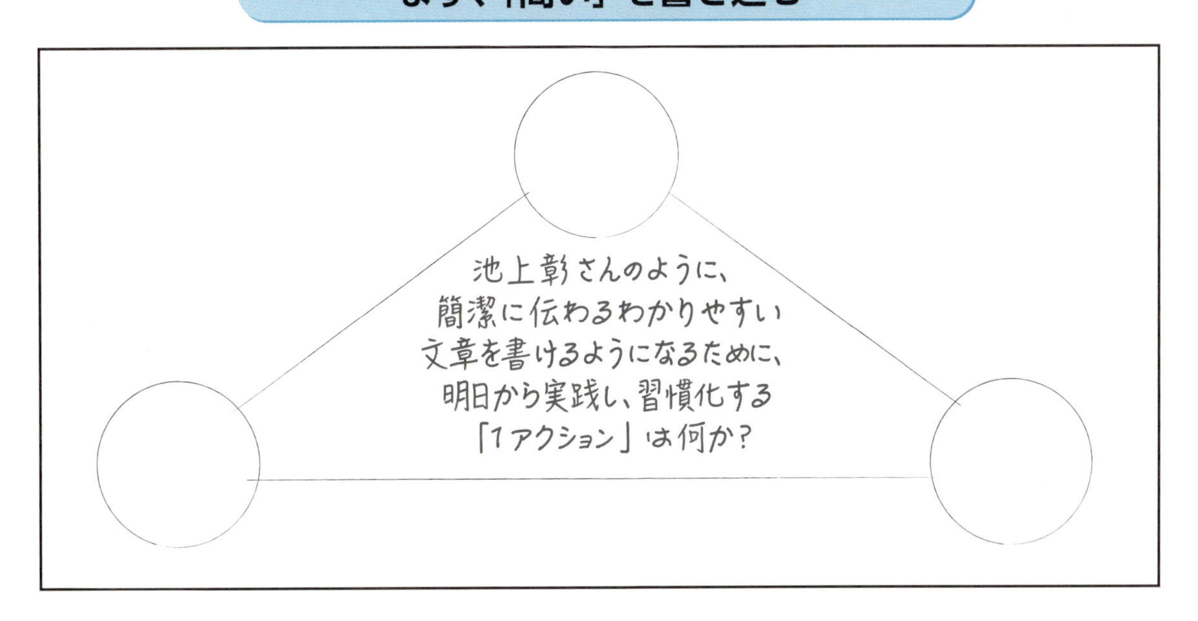
池上彰さんのように、
簡潔に伝わるわかりやすい
文章を書けるようになるために、
明日から実践し、習慣化する
「1アクション」は何か？

16のキーワードを抜き出す

「問い」に関連する「これはぜひ真似したい」と思う行動、
「これは重要だ」と思える事柄を抜き出す

伝える　伝えたい	思い立ったらすぐメモ
30秒ルール	暗記するだけでは「わかった」ことにはならない
謙虚にならなければ物事の本質は見えない	綾小路きみまろさんの愛情ある言葉
アウトプットのためにはインプットが必要	

POINT

まずはカバー、目次、プロフィール、まえがきをざっと眺め、それから本文に進む

27

「行動」につながる読書②
……アクション・リーディングのステップ4〜6

著者の言葉を自分の言葉に置き換える

〈ステップ4　3つのキーワードを抽出する〉

16のキーワードに関連する箇所を中心に本文に目を通していき、3つのキーワードに絞り込んでいきます。その結果、絞り込まれた3つのキーワードは、

① NHKのA4・1枚フォーマット
② 音読で「言葉を磨く」
③ 「へえ〜」体験を記録し「伝える」

キーワードを絞り込むときには、著者の言葉を「自分の言葉」に置き換えていきます。こうすることで、借り物の言葉で理解していたことを、自分の言葉で考えられるようになります。ここで選んだ3つのキーワードの意味は、次のとおりです。

① NHKのA4・1枚フォーマット

本文に「番組の規模には関係なく、10分程度の短時間の番組も1時間半のスペシャル番組も同様に、A4の用紙1枚に書きます」とあります。「1枚にまとめる」。これは学ぶ価値のある実践だということで選択しました。

② 音読で「言葉を磨く」

『伝える力』は、言葉を磨く方法を教えてくれています。それが「音読」です。文章を書き出したら音読して「言葉を磨く」。さっそく実践できそうなので選択しました。

③ 「へえ〜」体験を記録し「伝える」

池上さんからの大切なメッセージは、「心が揺さぶられる体験をすれば誰かに伝えたくなる」というものです。思わず「へえ〜」と言ってしまうようなことを日々体験し、それを記録し、人に伝えることが、伝える力を向上させる王道だとわかりました。

〈ステップ5　1つのアクションを導き出す〉

集めたキーワードから「1アクション」を導き出します。左ページの図のように、「A4・1枚」を紙1枚、「音読」を口、「へえ〜」をハートというように、キーワードをアイコン化すると記憶に刻まれやすくなります。

では、「1アクション」はどのように導き出すのか。2つのパターンを紹介します。

① 3つのキーワードから1つを選ぶ

たとえば、「へえ〜」体験というキーワードをヒントにアクションを抽出します。

1日3個、「へえ〜」という体験をメモする

② 3つのキーワードを統合する

たとえば、

「へえ〜」体験 → 「紙1枚」で記録 → 「音読」で言葉磨き → ブログに載せる

という一連の行動プロセスにします。

日々、「へえ〜」体験を16分割メモの紙1枚で記録し、そのなかからとっておきの1つを選んでブログに書く。そのとき、ブログの記事を「音読」して文章を磨くのです。

〈ステップ6　30秒で説明する〉

最後に、読書体験とこれからの1アクションを30秒で説明します（左ページ参照）。

いかがでしょうか。

アクション・リーディングによって池上彰さんが伝えたかったことを理解し、実際の行動に落とし込むことができました。加えて、本の内容を独自の視点で説明することができました。

27 本の内容を30秒で説明する

3つのキーワードを抽出する

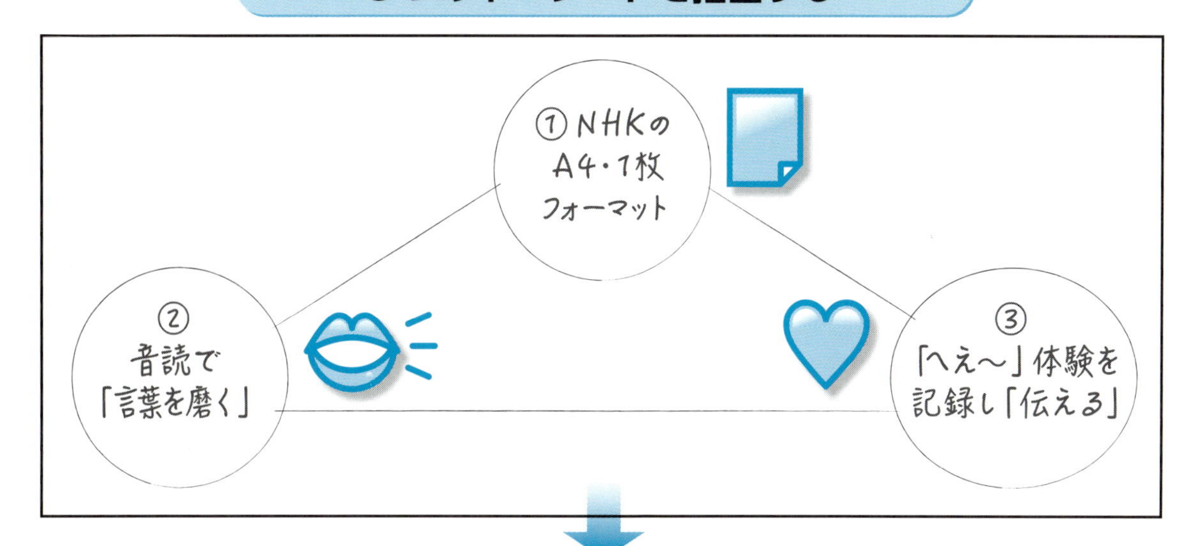

①NHKのA4・1枚フォーマット
②音読で「言葉を磨く」
③「へぇ～」体験を記録し「伝える」

1アクションを導き出す

① 3つのキーワードから1つを選ぶ

あるいは

② 3つのキーワードを統合する

30秒で説明する

「自分の考えを。簡潔な文章でわかりやすく伝えたい」と思い、池上彰さんの『伝える力』という本を読みました。
この本を読んで、さっそく明日からやろう！と決めたのは、『「へぇ～」体験を1日3個記録する』ということです。
「伝える」前に「伝えたい」体験。「伝える」ためには「伝える種」となる「へぇ～」体験の蓄積が鍵になる。
これが池上彰さんの本から僕が導き出したメッセージです。

POINT 著者の伝えたかったことを理解し、実際の行動に落とし込む。加えて、本の内容を独自の視点で伝える

「解決」につながる読書①

……ソリューション・リーディングの方法

理想の未来と現状とのギャップを解消する

本を読んだあとに、「なんでこの本を読んだんだっけ」と思ったことはありませんか？

楽しむための読書なら、読んだあとに「ああ、面白かった」と思えればそれでいいでしょう。しかし、仕事や勉強に活かすための本であれば、読書を通して、具体的な「何か」を得なくてはなりません。

ここからは、仕事上の「問題解決」のために本の知識を活かす「ソリューション・リーディング」を紹介します。

そもそも、問題解決とは具体的に何をすることでしょうか？

問題とは、「理想の未来」と「現状」とのギャップのことです。このギャップを解消するために解決策を打ち、その結果、ギャップが解消される。これが問題解決です。

「問題」＝「壁」、「解決」＝「鍵」ととらえるとわかりやすいかもしれません。

本を読む前に、まずは自分がぶつかっている「壁」が何なのか、これを整理するところから始めます。その「壁」を突破するための「鍵」を、本に求めるのです。

現状の問題を３つに分け解決策を記入する

まず、フォーマットの説明から始めましょう（左ページ参照）。ご覧のとおり「ソリューション・リーディング」のフォーマットは、物語プレゼンテーションのフォーマット（47ページ）と似ています。

ノートの見開きの右ページに、このフォーマットをつくってください。

３つの四角形が階段のように並んでいますが、ここに「壁」の内容を記入します。「壁」とは、いま抱えている課題や問題のことです。

現状の課題を３つに分けて、その課題をクリアするために必要な解決策（鍵）をそれぞれの階段の横に記入していきます。

そして、最終的には「問い」に対する「答え」を「1メッセージ」で導き出します。これがこのフォーマットの使い方です。

こうすることによって、問題解決のステップがビジュアル化され、リアルにイメージできるようになります。

ノートの左ページには16マスのメモ用スペースを用意し、「問い」に関連するキーワードを抜き出していきます。「アクション・リーディング」のやり方と同じです。

このフォーマットは、会議などで説明を行うときにもたいへん便利です。次のように説明できるようになります。

「営業部では、いまこんな問題を抱えています。この問題をクリアする解決策を提案します。具体的には、壁が３つあります。それぞれ……です。それぞれの壁をクリアする鍵は……です。以上のことから、……というメッセージが導き出されます」

「壁は３つ。１つ目の壁をクリアする鍵はこれ……」という具合に、誰でも30秒で説明できるようになるのが、このフォーマットの特徴です。

では、さっそくソリューション・リーディングで本を読んでみましょう。

28 「ソリューション・リーディング」フォーマットの使い方

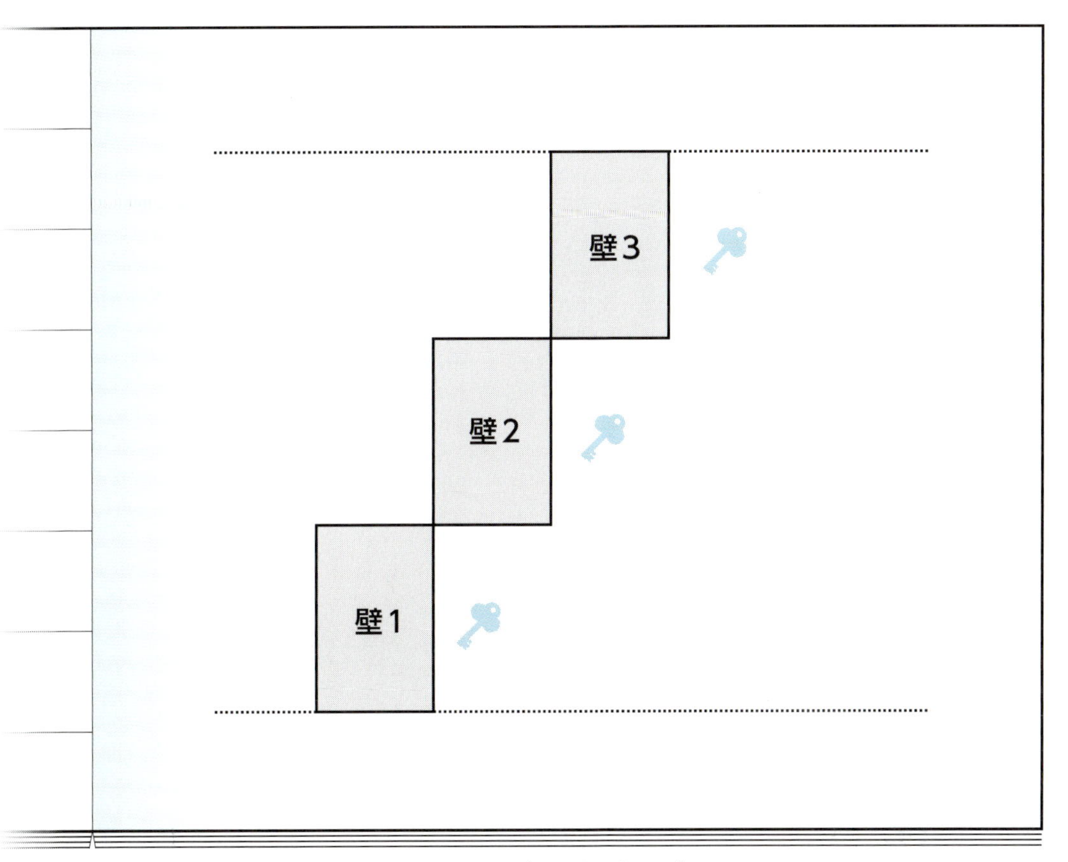

フォーマットの右ページ

3つの「壁」の部分にいま抱えている課題や問題を記入する

その課題をクリアするために必要な解決策（鍵）を階段の横に記入する 

「問い」に対する「答え」を「1メッセージ」で導き出す

問題解決のステップをフォーマットにビジュアル化しよう

「解決」につながる読書②

……ソリューション・リーディングのステップ1〜3

独立開業を考える後輩にアドバイスをを与える

あなたが大学の後輩のA君から相談を受けたとします。A君は大手保険会社に勤務する営業マンです。

「2年以内に独立開業しようと考えています。何をすればいいでしょうか? 起業家スクールなどにも通おうかと思うのですが、いいところを知りませんか? 知識を身につけるために本もたくさん読もうと思っていますが、どんな本を読めばいいですか?」

相談を受けたあなたは書店に立ち寄り、1冊の本を手に取ります。『武器としての決断思考』(講談社)という本です。著者は、東大卒、マッキンゼー・京大勤務という経歴をもつ瀧本哲史さん。あなたは、「この本のなかにA君に知っておいてほしいことがある」と判断して購入することにしました。

「ソリューション・リーディング」では、実際に本を読み始める前に、ステップ1〜3まで進みます。

〈ステップ1 「理想の未来」をイメージする〉

あなたはA君の話を聞いて一抹の不安を覚えました。

それは、「A君は〝知識メタボ〟の傾向があるのかもしれない」ということ。「起業家スクールへ行く」「本を読む」というのは、独立開業には勉強が必要だと思っているのかもしれない。でも、独立して成功するためには、勉強よりも、独立して仕事をするうえでの心構えを身につけておくことではないか。

そこでまず、あなたはA君にどうなってほしいのか、「理想の未来」を考えてみます。たとえば、こんな感じです。

情報や知識に振り回されやすい「知識メタボ」の傾向をすっきり解消し、脳みそに汗をかき、自分で考え、行動できるようになること。そして、この理想の姿を「起業家アタマ」と名づけました。

〈ステップ2 「問い」を立てる〉

「起業家アタマ」という理想の姿が決まったら、本に何を求めるのか、「問い」を設定します。私が設定したのはこんな「問い」です。

A君が情報や知識に振り回されず、儲かるビジネスの種を見極め、即決・即行動できる「起業家アタマ」になるには?

〈ステップ3 「3つの壁」を設定する〉

問いをもとに「3つの壁」を設定します。「理想の未来」と「問い」に出てきたキーワード、「即決・即行動」「見極め」「情報や知識に振り回されない」「脳みそに汗をかき」「知識メタボ」「自分で考え」「自分で行動」「起業家アタマ」などから、A君の壁を考えます。

そこで設定したのは、次の3つの壁です。

壁1 インプットの壁
壁2 プロセスの壁
壁3 アウトプットの壁

情報や知識に振り回されてしまうなど、A君には乗り越えるべきインプットの問題がありそうです。

また、脳みそに汗をかかないなど、プロセスにも問題があるのでは……と考えました。

さらに、決断しない、躊躇するなどのイメージからアウトプットの問題もありそうです。

こうして3つの壁を設定しました。

29 読み始める前に3つの壁を設定する

独立開業を考えるA君に
アドバイスを与えるために

ステップ1 「理想の未来」をイメージする

「A君は“知識メタボ”の傾向があるのかもしれない」

↓

「理想の未来」を考える

情報や知識に振り回されやすい「知識メタボ」の傾向をすっきりと解消し、
脳みそに汗をかき、自分で考え、行動できるようになること。

「起業家アタマ」

ステップ2 「問い」を立てる

A君が情報や知識に振り回されず、儲かるビジネスの種を見極め、
即決・即行動できる「起業家アタマ」になるには?

ステップ3 「3つの壁」を設定する

A君は情報や知識に振り回されてしまう

壁1　インプットの壁

A君は脳みそに汗をかかない

壁2　プロセスの壁

A君は決断しない、躊躇する

壁3　アウトプットの壁

「理想の姿」と「問い」に出てきたキーワードから
「3つの壁」を設定する

30 「解決」につながる読書③

……ソリューション・リーディングのステップ4〜7

3つのキーワードから1メッセージを導く

〈ステップ4　16のキーワードを抜き出す〉

いよいよ本を読んでいきます。

左ページのように、16分割のマスを左から「インプットの壁」「プロセスの壁」「アウトプットの壁」「その他」と区分けしておきます。

本のページをめくりながら、それぞれの壁の突破につながる解決キーワードを抜き出し、マス目の中に記入していきます。

「その他」のマス目には、3つの壁に対応しないけれども、「起業家アタマ」に関連しそうなキーワードを記入します。

キーワードは、3つの壁とその他のマス目に、それぞれ4つを目処に抜き出します。

〈ステップ5　3つの鍵を抽出する〉

マス目に抜き出したキーワードを、4色ボールペンで色分けして分類したり、赤丸で強調したり、矢印で関連づけたりしながら、考えを整理していきます。

その結果、抽出された鍵は次のとおりです。

鍵1＝コインの裏側の情報の「インプット力」

価値ある情報は「裏側」にある。オープンにされた情報（コインの表側）だけを見ていても「儲かるビジネスの種」につながるような価値ある情報は見つからない。「儲かるビジネスの種」につながる情報は、コインを裏返して見つける必要がある。「コインの裏側」の情報をインプットするのが起業家アタマの鍵。

鍵2＝「問い」から始める「考える力」

つくれば売れる「正解」のある時代は終わった。正解なき時代の鍵は「考え方」。ビジネスモデルやノウハウを仕入れるのではなく、自分のアタマで「問い」を立てて「いまの最善解」を出すことが求められる。本やネットなどで「儲かるビジネスの種」を手に入れても、「考え方」の土壌がないとその種が育たない。

「正解」より「考え方」を身につけ、日々の実践で磨きをかけるのが、思考プロセスの鍵。

鍵3＝二者択一で「決める力」

「儲かるビジネスの種」を見つけ、「こうやって育てれば事業として成長しそうだ」という仮説が出てきたら、ひとまず「やる／やらない」の二者択一で決めてから、その判断をいろいろな角度から検証していく。

二者択一でまず「やる／やらない」を決めるのが、アウトプットの鍵。

〈ステップ6　「1メッセージ」に結晶化する〉

以上、「3つの壁」を設定し、それを突破する「3つの鍵」を見つけました。このプロセスを経て、結晶化した1メッセージは、**「起業家アタマ」になる「3つの力」を身につける**です。

〈ステップ7　30秒で伝える〉

A君には左ページのように伝えます。

このように「1メッセージ」＋「3つの壁」とそれぞれに対応する「3つの鍵」を使って説明します。こうすれば、簡潔に30秒で要点を伝えることができます。

「ソリューション・リーディング」を繰り返すことで、問題解決力アップのみならず、シンプルに伝えるプレゼンテーション力も劇的に向上します。ぜひ実践してみてください。

30 「壁」を乗り越える「鍵」を見つける

ステップ4 16のキーワードを抜き出す

インプットの壁	プロセスの壁	アウトプットの壁	その他

ステップ5 3つの鍵を抽出する

キーワードから考えを整理し、鍵を抽出する

ステップ6 「1メッセージ」に結晶化する

結晶化した1メッセージは、
「起業家アタマ」になる「3つの力」を身につける

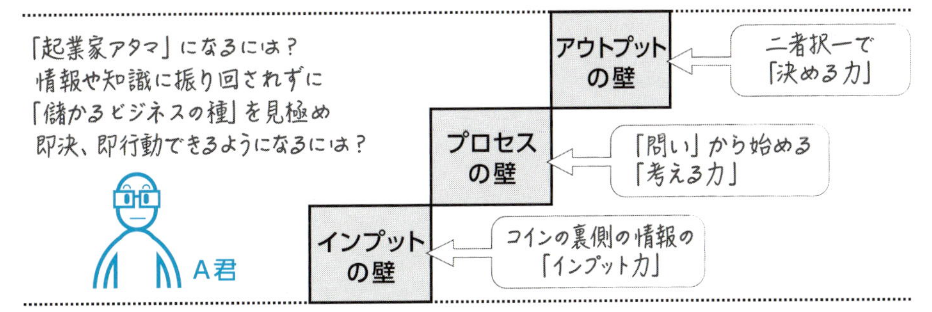

「起業家アタマ」になるには？
情報や知識に振り回されずに
「儲かるビジネスの種」を見極め
即決、即行動できるようになるには？

ステップ7 30秒で伝える

『武器としての決断思考』を整読し、「知識メタボを解消し、起業して儲けるためには？」という「問い」に対し、「答え」を導き出しました。
答えは、「起業家アタマになる3つの力を身につける！」です。
「起業家アタマ」になる「3つの力」とは、
1「コインの裏側」の情報を手に入れる力
2 借り物の正解を求めず、「自分の頭」で考える力
3「二者択一」で決断する力
具体的には……

POINT
ソリューション・リーディングを繰り返すことで、問題解決力とプレゼンテーション力が劇的に向上する

コラム 3

ノウハウ本の選び方

ノウハウ本の選び方をご紹介しましょう。基準はシンプルです。

著者に「共感」できるかどうかです。

この1点で選びます。

つい、「すごいノウハウ」に目がいきがちですが、ノウハウより著者との相性が大切です。

私自身、以前は「このノウハウができるようになったらすごいことになる」という理由だけでノウハウ本や自己啓発書を手に取ることがよくありました。でも結局、心のどこかでその著者に共感できなかったり、受け入れることができなかったりすると、その「行動」をまねることはできませんでした。

「学ぶ」とは「真似る」ことです。

「この人の行動を真似てみたい」――そう思える著者のノウハウ本から「1アクション」を抜き出して、ぜひ実践してみましょう。

私の知り合いの若手経営者に面白い男がいます。彼は不器用で、あれもこれもと欲張った結果、すべてが中途半端になり、成果らしき成果をあげたという実感のないまま20代前半を過ごしていました。

そしてあるとき、「もうこんな人生はいやだ!」と一念発起。彼は「1アクション」を決めて、毎朝それを実行することから1日を始めることにしました。

その1アクションとは――

「靴下を左足からはく」

たったそれだけのことです。

でも、この1アクションが呼び水となり、彼は1つずつ1アクションを習慣化していきました。

すると、まるで「わらしべ長者」の物語のように成功の階段を駆け上がっていったのです。その始まりは「1アクション」でした。

「小さな一歩」から、彼の現実は変わっていきました。

私があなたにお伝えしたいことは、「すごいノウハウ」よりも「1アクション」だということです。

私も20代から30代にかけて、「すごいノウハウ」を求めて、ノウハウ本を読みあさり、いろいろなセミナーに参加し、ネットで「情報起業」「マーケティング」「セールスレター」などのノウハウを買い求めました。恥ずかしながら1000万円を超える金額をノウハウの仕入れに費やしてきました。

いま振り返れば、ノウハウ取得にお金や時間や労力を費やすよりも大切なことがありました。それが「1アクション」です。

情報過多にならずにシンプルに「1アクション」を実践する。その一歩一歩の先にあなたの未来が開かれていきます。

ノウハウに振り回されず、情報過多にならずに、15分間の「整読」で1アクション!　ぜひ実践してみてください。

第4章

本の情報・知識を
ダイレクトに
仕事に活かす読書法

31

「視点」を変える読書①

……ブレイクスルー・リーディングのステップ1

地下鉄を利用する女性客が共通して求めるものは？

あなたが経営コンサルティング会社で働いているとします。そこに、友人で地下鉄運営会社の新規事業開発部門に勤めるAさんから電話が入りました。

「いま、B駅の構内の全面リニューアルを企画していて、明日役員にプレゼンをするんだけど、いいアイデアが浮かばないんだ。助けてくれないか？　今日の夕方6時くらいまでにいいアイデアを思いついたら、メールしてほしい。アイデアベースでいいから。採用されたら、お前のところに事業化に向けてのコンサルティングを依頼するから」

聞けば、今回の駅構内のリニューアルのターゲットは「地下鉄を利用する女性客」ということです。

ところがあなたは、これから客先に打ち合わせに行かなくてはならず、腰を据えて考える時間はありません。わずかな隙間時間でアイデアを出さなくてはいけません。

そんなときに使うのが「ブレイクスルー・リーディング」です。事例を通じて手順を説明しましょう。

現場に出向いて「問い」を立てる

〈ステップ1　「問い」を設定する〉

今回はターゲットが明確です。そこで、「地下鉄を利用する女性客にはどんなタイプの人がいるのだろう？」「彼女たちはどんなことに興味があって、地下鉄の駅構内に求めるサービスとは何だろう？」といった問題意識をもって地下鉄に乗ってみます。

すると、女性客には、5つの行動パターンがあることに気づきました。

①スマホの画面とにらめっこしている
②座席に座って居眠りをしている
③本や雑誌を読んでいる
④仕事の書類らしきものに目を通している
⑤同僚や友人と話をしている

昼間の地下鉄を利用する女性客の行動は、この5パターンに分けられました。なかには、マスクをしている人もちらほらいます。

そこで、彼女たちに共通していることを考えてみます。

浮かんできたのは、「**疲れている**」ということでした。この視点を糸口に考えを巡らせていくと、いろいろなことに気がつきます。

たとえば、「仕事やプライベートの悩みが、メンタルを疲れさせているのかもしれない」「中吊りに胃薬やカゼ薬の広告がある。マスクをしている人もいるし、疲れが体調に影響しているのかもしれない」「中吊りの女性誌の広告を見ると、顔のしわ・くすみ、口元美人、目ヂカラなどの記事が目立つ。女性は顔に疲れが出やすいのかもしれない」。

こうした観察から浮かんだ「問い」は、

地下鉄を利用する女性客の「疲れている」に「内・外・心」ですぐに効く駅ナカ・サービスのコンセプトは何か？

ということです。

この「内」とは体調、「外」は顔、「心」は精神面です。この3つの疲れに効果のあるものを考えます。

31 地下鉄を利用する女性客が共通して求めるものは?

地下鉄を利用する女性客にはどんなタイプの人がいるのかな?

彼女たちはどんなことに興味があるんだろう?

地下鉄の駅構内に求めるサービスとは何だろう?

スマホの画面とにらめっこしている
座席に座って居眠りをしている
本や雑誌を読んでいる
仕事の書類らしきものに目を通している
同僚や友人と話をしている
なんだか
疲れてる
ようだなあ

〈「問い」を設定する〉

地下鉄を利用する女性客の「疲れている」に
「内・外・心」ですぐに効く駅ナカ・サービスのコンセプトは何か?

POINT

明確な「問い」を設定することで
インプットの質は格段に向上する

32

「視点」を変える読書②

……ブレイクスルー・リーディングのステップ2〜3

雑誌から
アイデアを組み立てる

〈ステップ2　キーワードを抜き出す〉

今回は書籍ではなく、女性誌を10代、20代、30代、40代の年代別に1誌ずつ使います。用意するフォーマットは、左ページのとおりです。中央の円に「問い」を書き、女性誌4誌を使って、年代別に「疲れ」に関連するキーワードを抜き出していきます。

雑誌は、目次に内容が詳しく書かれているので、目次を重点的に読んで、中身はその補足として眺めます。

それぞれ、左上の10代向けの「Seventeen」から反時計回りに、20代の「JJ」、30代の「Oggi」、40代の「STORY」と、各10分でキーワードを抜き出していきます。

10代では、「目の充血クリア」「カレシの作り方」「アイメイク」「アイドル」「LOVEパワー」など。

20代では、「大切にされる女性」「ぬくもり美人」「キレイを当たり前に」「願いが叶うアクセ」「自分を表現すること」など。

30代では、「スパッと美人が完成」「忙しさとの闘い」「目もとへ。」「身に付けるだけでハッピーになれるアクセサリー」など。

40代では、「マリエン薬局のフェイシャルケアキット」「十年肌力」「内外美容」「働く40代が輝く、もう1つの理由は『口元美容』」「スーパーカルシウム2万3760円」など。

〈ステップ3　情報を整理する〉

ここからは、4色ボールペンを使って、キーワードを「内（体調）」「外（顔）」「心（精神面）」「その他」に色分けして整理していきます。同じカテゴリーの情報は同じ色で○をつけたり、核となりそうな情報には赤丸をつけたり、それぞれの情報を関連づけていきます。こうして「情報の地図」をつくり、そこから、企画のコンセプトになるキーワードを生み出します。

私の頭に浮かんだキーワードは「CHARGE〜チャージする〜」でした。「コンビニでケータイの充電ができるように、元気を充電できるスポットが構内にあれば……」。

こんな視点でさらにフォーマットを眺めてみると、フォーマット上の断片情報が一貫性のある1つの物語に変わります。次のような形です。

・CHARGE〜私は地下でチャージする

地下にはエネルギーがある。地下鉄に乗ろうと、地上から地下へ降りていく。その瞬間、私は地下でチャージする。

地下で生成されたマグマが地球に豊かな恵みをもたらすように、地下鉄のエネルギー・スポットが私をチャージしてくれる。

これが「ブレイクスルー・リーディング」で導かれたアイデアです。

「ブレイクスルー・リーディング」のポイントは次のとおりです。

- **現場で仮説を立てる**
- **雑誌をもとに「情報の地図」をつくる**
- **「情報の地図」からアイデアを導く**

頭だけでなく体も使うことによって、いいアイデアを生み出すことができます。考えに行き詰まってしまったときなどには、ぜひ試してもらいたい読書法です。

32 「ブレイクスルー・リーディング」のフォーマットを使う

〈キーワードを抜き出す〉

4種類の雑誌を使って、
それぞれ10分で
「問い」に関連するキーワードを抜き出す

10代向け雑誌から

40代向け雑誌から

目の充血クリア	カレシの作り方	アイメイク	アイドル	フェイシャルケアキット	十年肌力	内外美容	『口元美容』
LOVEパワー				スーパーカルシウム			
大切にされる女性	ぬくもり美人	キレイを当たり前に	願いが叶うアクセ	スパッと美人が完成	忙しさとの闘い	目もとへ。	身に付けるだけでハッピーになれるアクセサリー
自分を表現すること							

（中央）地下鉄を利用する女性客の「疲れている」に「内・外・心」ですぐに効く駅ナカ・サービスのコンセプトは何か？

20代向け雑誌から

30代向け雑誌から

〈情報を整理する〉

4色ボールペンを使って、キーワードを
「内（体調）」「外（顔）」「心（精神面）」「その他」に色分けして整理していく

情報を関連づけて「情報の地図」をつくる

企画のコンセプトになるキーワードを生み出す

頭だけでなく体も使う。
考えに行き詰まってしまったときは、
「ブレイクスルー・リーディング」を試そう

33

「原理原則」を見つけるための読書①

……プリンシプル・リーディングのステップ1～2

読書経験を仕事や人生に活かすために

本を読む人には2種類います。

読書経験を血肉として仕事や人生に活かせる人とそうでない人です。

その差は、「原理原則」を押さえられるかどうかです。

読書を通じて、マニュアル的に課題の解決方法を知るだけではなく、普遍的な原理原則をつかむことができれば、どんな問題にも対応できるようになります。

そこでここからは、本から原理原則を手に入れて、読書経験を血肉化するための「プリンシプル・リーディング」を紹介します。

「プリンシプル・リーディング」は、「アクション・リーディング」をさらに深化させたものです。

今回は、管理職のバイブルといわれる古典的名著、デール・カーネギーの『人を動かす』（創元社）を例に挙げます。

非常に中身の濃い本ですが、「プリンシプル・リーディング」を使えば、そのエッセンスを効果的に得ることができます。

さっそく実践していきましょう。

A3用紙を横置きにしてフォーマットをつくる

あなたは、あるエステティックサロンをサポートしている経営コンサルタントです。

店長は、スタッフの育成や指導で頭を悩ませている24歳のAさん。あなたは、Aさんを助けるために『人を動かす』をプリンシプル・リーディングします。

中身の濃い本なので、冒頭の70ページ分「人を動かす三原則」（全3節）を使います。

15分1セットで、1節ごとのエッセンスを1メッセージで抽出します。全部で3節なので計45分間になります。

さらに、次の15分で3つの節全体から、「人を動かす原理原則」を抽出します。トータルの時間は60分です。

〈ステップ1　フォーマットを用意する〉

フォーマットは、A3用紙を横置きにして、4分割して使います（左ページの図参照）。

左上に、第1節から1メッセージを抽出。

左下に、第2節から1メッセージを抽出。

右下に、第3節から1メッセージを抽出。

右上に、原理原則を抽出。

右上を除く3つは、アクション・リーディングのフォーマットの変形版で、16マスが12マスになっています。

使い方はアクション・リーディングと基本的に同じですが、1つだけ違うのは、複数のキーワードや1メッセージをさらに結晶化させ、「原理原則」を表す1メッセージを完成させるという点です。

〈ステップ2　「問い」を立てる〉

まず、「問い」を右上のトライアングルの中央に置きます。

ここでの問いは、24歳の店長Aさんが自信をもってスタッフの指導・育成ができるようになる、人を動かす「原理原則」とは何か？

ということです。

これをもとに、15分×3セット（3節分）を整読していきましょう。

33 「プリンシプル・リーディング」のフォーマット

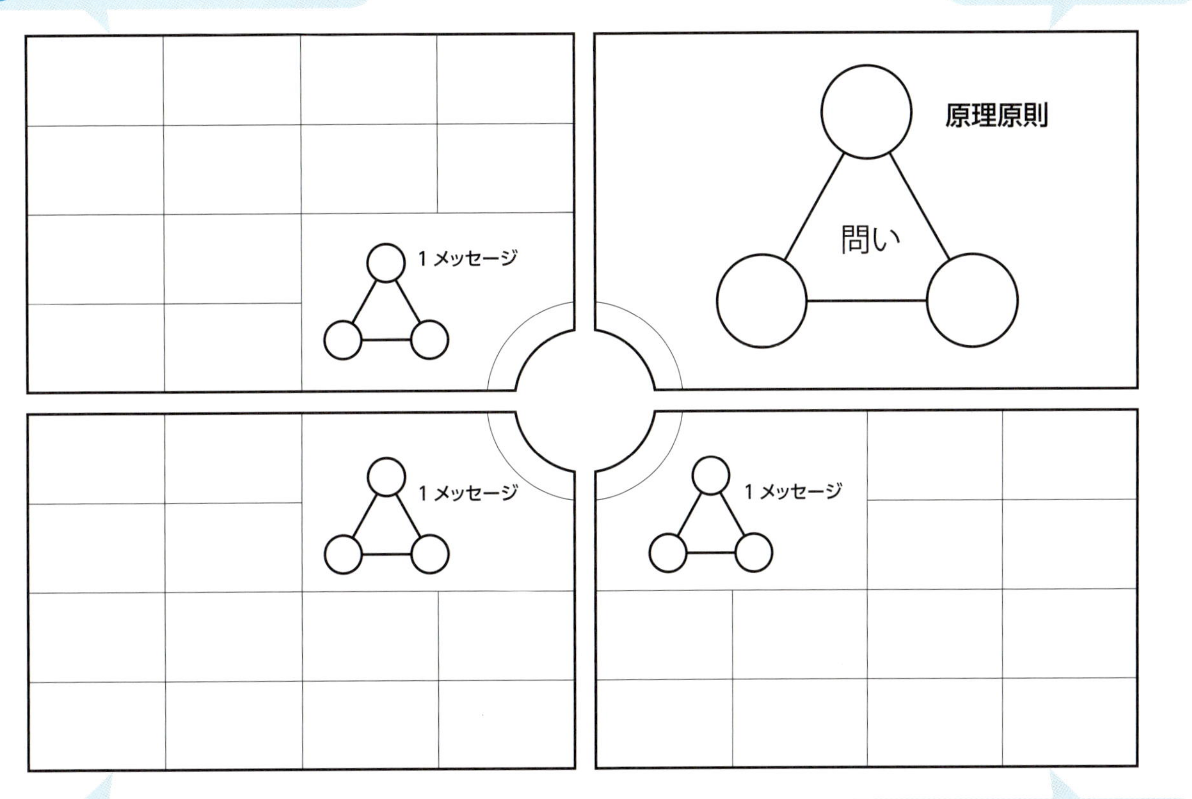

15分1セットで、1節ごとのエッセンスを1メッセージで抽出する
（15分×3節＝45分間）

次の15分で3つの節全体から「原理原則」を抽出する
（トータルの時間は60分）

本から原理原則をつかみ、
読書経験を仕事や人生に活かそう

34

「原理原則」を見つけるための読書②

……プリンシプル・リーディングのステップ3～6

3つのキーワードから1メッセージを抽出する

〈ステップ3　15分の整読を3セット行う〉

各節で、12のキーワードをピックアップします。第1節から順に、「問い」に関連するキーワードをフォーマットに抜き出します。

第1節では、「ルーズベルト大統領の『リンカーンなら、どうする？』」「『父は忘れる』の一文」「ベンジャミン・フランクリンの○×」などをピックアップしました。

ピックアップのポイントは、固有名詞・対比・因果関係・格言を中心に「問い」に関連するものを選んでいくこと。たとえば、ベンジャミン・フランクリンが成功した理由「悪口を言わず、長所に目を向けた」は、「悪口×　長所○」という「対比」の関係にあります。

キーワードを記入するときには直感的にイメージできるように、「心＝ハートマーク」「私＝人型」「よい＝○」「悪い＝×」のようなアイコンを使うといいでしょう。

なお、フォーマットの12マスは、すべてを埋める必要はありません。これで十分だと思ったら、そこで終了してください。そこからキーワードを3つに絞り込んでいきます。

第1節からは次の3つを選びました。

①ルーズベルト大統領の「リンカーンなら、どうする？」
②アル・カポネでも「私の心は優しい」
③ベンジャミン・フランクリンの「悪口より長所の法則」

意識したのは、「固有名詞＋セリフ」の形にすること。記憶に定着しやすくなります。

この3つのキーワードから抽出した1メッセージは、次のひと言です。

「批判しないこと。ほめること」

同様に、第2節、第3節も、12マス→3キーワード→1メッセージのステップでエッセンスを抽出していきます。

〈ステップ4　比較・関連づけで整理する〉

3つの節それぞれに、3つのキーワードと1メッセージが抽出できたら、それらをマーカーなどで整理します。

〈ステップ5　3つのキーワードを抜き出す〉

フォーマット全体を見渡して、3節全体から3つのキーワードを抽出します。

最終的に抽出した3つのキーワードは、

①「批判しないこと。ほめること」
②「ALWAYS答えは相手の心の中」
③「相手の心の渇きを潤すものを与えること」

これら3つのキーワードの意味は、左ページのとおりです。本を読んでいないAさんに説明するときには、このように伝えます。

〈ステップ6　「原理原則」に結晶化する〉

最後に原理原則を1メッセージに結晶化します。私は、24歳の店長をイメージしてこんな言葉をつくってみました。

『ALWAYSほめる門には福来る』

これが、『人を動かす』を60分で読んで抽出した原理原則です。

「人を動かす」ための原理原則
ALWAYSほめる門には福来る
そのためには、次のことが重要です。
①批判しないこと。ほめること
②ALWAYS答えは相手の心の中
③相手の心の渇きを潤すものを与える

34 「プリンシプル・リーディング」のステップ

- ステップ1 フォーマットを用意する
- ステップ2 「問い」を立てる
- ステップ3 15分の整読を3セット行う（3節を読む場合）
- ステップ4 比較・関連づけで整理する
- ステップ5 3つのキーワードを抜き出す
- ステップ6 「原理原則」に結晶化する

「人を動かす」秘訣は3つあります。

1つめは、「批判しないこと。ほめること」。

私たちはつい「できないこと」に目がいきがちです。ところが、「批判や非難」で人を動かすことはできません。なぜなら、人は批判されるほど貝のように心を閉じるからです。

あのアル・カポネですら、批判に対して「私の心は優しい」と言い、決して自分の非を認めることはなかったといいます。

「批判をしないこと」「ほめること」。これこそが「人を動かす」秘訣なのです。

2つめの秘訣は、「ALWAYS 答えは相手の心の中」です。

カーネギーは、人を動かす秘訣は、この世に、ただ1つしかないと言っています。それは、「相手の心が欲しているもの＝自己重要感を与えること」です。

そのためには、自分のことを考えるのをやめて、相手の心の声を聴かなくてはなりません。そして、ほめます。

一人のハンディのある少年は、ある教師が彼の能力を認めてくれた瞬間から「新しい人生が始まった」と言います。その少年の名は、スティーヴィー・ワンダー。

答えはいつも相手の心の中にあるのです。

3つめは、「相手の心の渇きを潤すものを与えること」です。

カーネギーは、「釣り針には魚の好物をつけるにかぎる」というたとえで、人を動かす唯一の方法は、その人の好むものを問題にし、それを手に入れる方法を教えることだと言います。

そして、「本書から学び取るたった1つのこと」として、「常に相手の立場に身を置き、相手の立場から物事を考える」というシンプルなルールを教えてくれています。

Aさんに3つのキーワードの意味と、「原理原則」を説明する

POINT

中身の濃い本は、章や節ごとに整読して それぞれのキーワードからメッセージを抽出し、そこから１つの原理原則を導く

35

「本質」を見極めるための読書①

……マスターキー・リーディングのステップ1

1本ですべてのドアを開けるマスターキーを手に入れる

ホテルには、すべての部屋のドアを開けられる1本の「マスターキー」がありますが、それと同様に、仕事のできる人もマスターキーをもっていて、その1本で10も20もの問題を解決します。

仕事や人生のマスターキーとは、言い換えれば「物事の本質を見抜く力」です。物事の本質を見抜くことができれば、「10の問題」が実質的には「1つの問題」であることに気づくことができます。

できる人は「10の問題」があっても、必要な「1つの解答」を見つけ出し、あっという間に問題を解決してしまいます。

ここで紹介する整読法は「マスターキー・リーディング」です。複雑な問題もシンプルに解き明かすことができるマスターキーを手に入れる整読法を紹介しましょう。

左ページに載せたものがマスターキー・リーディングのフォーマットです。A4用紙を横置きにして使います。

左側にメモスペースを用意します。

右側にはドアを模した絵がありますが、ここに「本質的な問い」(テーマ)を記入します。その下に、マスターキーと、マスターキーにまつわる「エピソード」を書き込みます。

では、フォーマットの使い方を解説していきましょう。

本質的な「問い」はタイトルに潜んでいる

ここでは、世界的ベストセラーであるリチャード・コッチの『人生を変える80対20の法則』(CCCメディアハウス)を読みます。

〈ステップ1　「本質的な問い(テーマ)」を明確にする〉

まず、この本の「本質的な問い(テーマ)」を明確にします。

「本質的な問い」はたいていの場合、本のメインタイトルのなかにあります。

『人生を変える80対20の法則』の「本質的な問い」は「人生を変えるには?」ととらえることができます。そして、このタイトルは、その「答え(マスターキー)」も明示しています。すなわち「80対20の法則」です。このように、「本質的な問い」と「答え」がタイトルに結晶化されている本もあります。

では、「80対20の法則」とは具体的にどういうものなのでしょうか。目次を眺めると、その内容が浮かび上がってきます。

それは、「80対20の法則」を使うことによって、「お金」「人脈」「戦略」「顧客」「時間」の活かし方を根本から変えることができる。それによって、「生産性革命」を起こし、仕事もプライベートも充実させて、幸福な人生を送ることが可能になる。これが、この本のポイントのようです。

つまり、『人生を変える80対20の法則』は、**「80対20の法則→生産性革命→人生を変える」**ということが書かれた本ということです。

そこで、この本の本質的なテーマを「生産性革命」として設定し、フォーマットのドアの箇所に記入します。これから、そのドアを開けるマスターキーを探していきます。

35 「マスターキー・リーディング」のフォーマットの使い方①

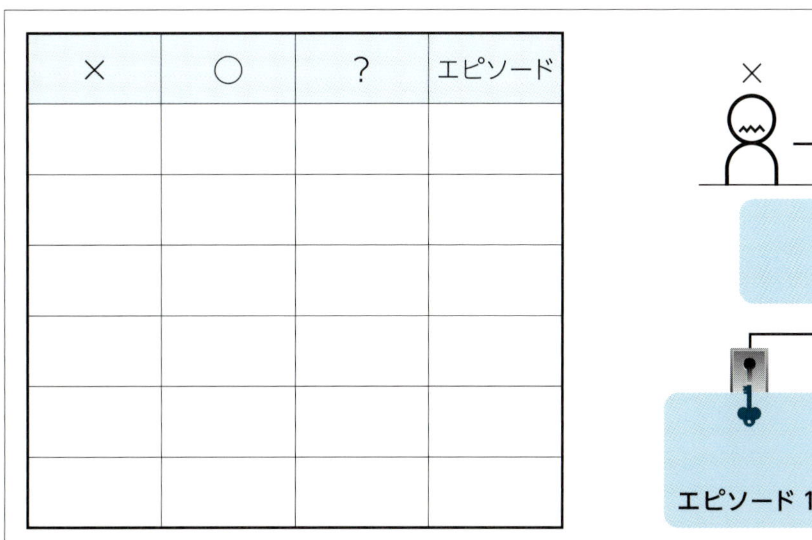

×	○	?	エピソード

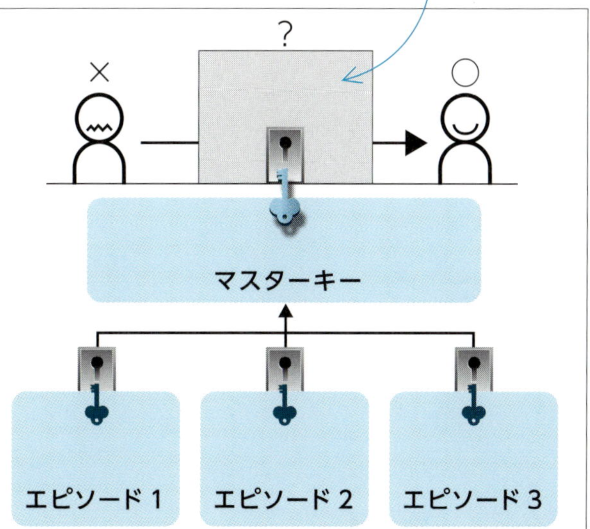

ステップ1 「本質的な問い」を明確にする

「本質的な問い」はたいていの場合、メインタイトルのなかにある

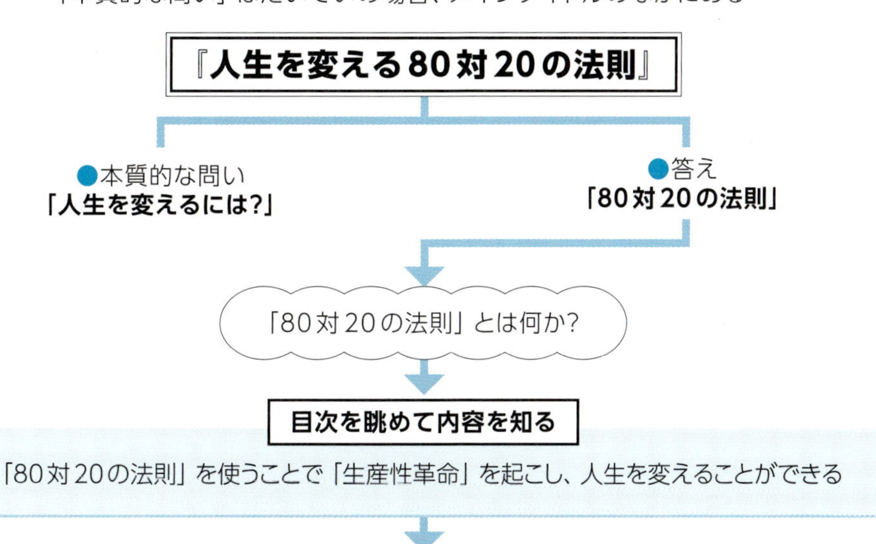

この本の本質的なテーマを「生産性革命」として、フォーマットのドアの箇所に記入しておく

複雑な問題もシンプルに解き明かすことができるマスターキーを手に入れよう

36

「本質」を見極めるための読書②

……マスターキー・リーディングのステップ2～4

人生を変える
本質とは何か？

〈ステップ2　メモ欄を埋める〉

続いてフォーマット左側のメモ欄を説明しましょう。

このメモの上部には、左から「×」「○」「？」「エピソード」と並んでいます。

「×」は、ダメな行動や状態を表しています。本の中から、

・あれこれ手を出す
・手当たりしだい顧客を増やす
・出力＞入力
・はじめが肝心なことがわかっていない

など、「×の状態」を抜き出します。

「○」はいい状態、いい行動という意味です。

・重要な20％に力を集中する
・重要な20％の活動に使う時間を倍に増やす
・80％の成果をもたらす20％の努力とは何かを考え抜く

など、「○の状態」を抜き出して記入します。

「？」には、80対20の法則の本質と思われるキーワードを抜き出して記入します。

・最小限の努力で最大限の収益を上げる
・核となる20％の顧客
・80％の活動を情け容赦なく切り捨てる

などです。

最後に、人生を変える80対20の法則の核心（本質）に迫るような「エピソード」を抜き出していきます。ここでは、

オックスフォード大学での速読／ファイロファックス社の株価18倍／マンシュタインのマトリックス／シェークスピアは小金持ち、ビートルズは大富豪／ニクソンのベトナム戦争終結宣言／型破りの3人の経営コンサルタント／チャーチル、ケネディ、サッチャーの交差点

などを選びました。

〈ステップ3　エピソードを3つに絞り込む〉

抜き出したエピソードを3つに絞り込みます。

次の3つを選びました。

①オックスフォード大学での速読
②型破りの3人の経営コンサルタント
③チャーチル、ケネディ、サッチャーの交差点

〈ステップ4　マスターキーをつくる〉

さて、いよいよ「80対20の法則」の正体を明らかにします。

「生産性革命」
その本質は「単純化（シンプリシティ）」
1「決定的に重要な20％」を選択し、力を集中すること
2「常識」「思い込み」「ムダな80％」を捨てること
3「好きこそものの上手なれ」で生きること
4「幸福になる習慣」を身につけること

このように、手順に沿ってマスターキー・リーディングのフォーマットを埋めていくことで、マスターキーを手に入れることができるのです。

ここまでの整読よりもちょっと大変そうと思われたかもしれませんが、大丈夫です。手順に沿ってフォーマットに記入していけば、最後にはマスターキーが浮かび上がります。

36 「マスターキー・リーディング」のフォーマットの使い方②

ステップ2 メモ欄を埋める

×	○	？	エピソード
あれこれ手を出す	重要な20％に力を集中する	最小限の努力で最大限の収益を上げる	オックスフォード大学での速読
手当たりしだい顧客を増やす	重要な20％の活動に使う時間を倍に増やす	核となる20％の顧客	マンシュタインのマトリックス
出力＞入力	80％の成果をもたらす20％の努力とは何かを考え抜く	80％の活動を情け容赦なく切り捨てる	型破りの3人の経営コンサルタント
はじめが肝心なことがわかっていない			チャーチル、ケネディ、サッチャーの交差点

ダメな行動や状態

いい状態、いい行動

80対20の法則の本質と思われるキーワード

核心（本質）に迫るようなエピソード

ステップ3 エピソードを3つに絞り込む

① オックスフォード大学での速読

② 型破りの3人の経営コンサルタント

③ チャーチル、ケネディ、サッチャーの交差点

ステップ4 マスターキーをつくる

「生産性革命」
その本質は「単純化（シンプリシティ）」

1「決定的に重要な20％」を選択し、力を集中すること
2「常識」「思い込み」「ムダな80％」を捨てること
3「好きこそものの上手なれ」で生きること
4「幸福になる習慣」を身につけること

メモ欄（×・○・？・エピソード）を埋めていく過程で、次第にマスターキーが明らかになっていく

37

「師匠」に教えを乞う読書①

……バイブル・リーディングの5つのポイント

「人生の1冊」から師の教えを引き出す

あなたにとって「人生の1冊」は何ですかと、知り合いの経営者やビジネスパーソンの方々に聞くと、さまざまな本を挙げますが、彼らがそれらの本で得たものは、人生の座標軸であり、師の教えのようなものでしょう。

「人生の1冊」は、まさしく人生のバイブルのような本です。

ここで紹介する「バイブル・リーディング」は、「人生の1冊」との対話を通して、人生や仕事の土台となる「原点」と「座標軸」を手に入れることができる整読法です。

この方法によって、いつでも必要なときに「師の教え」を引き出せるようになります。

人生のバイブルの多くは、非常に内容の充実した超濃縮本です。こうした本を攻略するために、バイブル・リーディングには5つのポイントがあります。

ポイント1　「小分け」で読む

人生のバイブルのような本は、1章で1冊分の濃さがあります。ときには1節が1冊、さらに2ページで1冊くらいの濃さという本もたくさんあります。

そんな本を攻略する鍵の1つは「小分け」です。1章を15分、ときには2ページを15分かけて整読します。

ポイント2　1冊を何度も読む

「人生のバイブル」は、文字どおり生涯にわたって繰り返し読む本です。

ポイント3　師をリアルにイメージする

たとえば松下幸之助さんの本をバイブル・リーディングするときには、あたかも松下さんが目の前にいて語りかけてくれるイメージで読みます。

ポイント4　「自分の言葉」に変換する

「師の言葉」をよく咀嚼して消化し、「自分の言葉」として語れるようになることが大事です。

師の言葉はダイヤの原石のようなものです。その原石に磨きをかけて、「自分の言葉」という輝くダイヤモンドを手に入れます。

ポイント5　整読と熟読の両方を行う

整読の一方で、熟読もしてください。

整読がタテ糸だとすると、熟読はヨコ糸です。タテ糸とヨコ糸を織り込むことで、美しい布ができあがるように、整読と熟読を合わせることで、人生のバイブルから学ぶ英知は、あなたの血肉、人生の糧となります。

バイブル・リーディングの2つのタイプ

「バイブル・リーディング」には2つのやり方があります。というのも、人生のバイブルとなる本には、2つのタイプがあるからです。

「啓発書」と「理論書」です。

「啓発書」の特徴は、数ページごとに1つの人生訓がまとめられていることです。松下幸之助さん、稲盛和夫さん、安岡正篤さん、中村天風さんなどの本があります。

「理論書」は『7つの習慣』『人を動かす』、ドラッカーの『マネジメント』など、1冊が1つの理論体系をつくっている本です。

まずは、啓発書の「バイブル・リーディング」から紹介しましょう。

37 バイブル・リーディングの方法

ポイント1 「小分け」で読む

1章を15分、ときには
2ページを15分かけて整読

ポイント2 1冊を何度も読む

生涯にわたって繰り返し読む

ポイント3 師をリアルにイメージする

著者が目の前にいて
語りかけてくれるイメージ
で読む

ポイント4 「自分の言葉」に変換する

「師の言葉」を消化し
「自分の言葉」として語る

ポイント5 整読と熟読の両方を行う

整読の一方で
熟読もする

「人生の1冊」から人生や仕事の土台となる「原点」と「座標軸」を手に入れよう

38

「師匠」に教えを乞う読書②

……啓発書をバイブル・リーディングする

転職するか
いまの会社で頑張るか

あなたはいま28歳で、転職しようかどうか悩んでいます。どんな会社に移るべきか、それともいまの会社で頑張るべきなのか、なかなか決心がつきません。そんなとき、人生のバイブルに相談してみましょう。

ここでは、京セラの創業者・稲盛和夫さんの『成功への情熱』（PHP文庫）をバイブル・リーディングします。

〈ステップ1　「問い」を立てる〉

「バイブル・リーディング」のフォーマットは、アクション・リーディングと同じものです。まずは問いを立てます。

今回は、「28歳の『転職のモノサシ』とは?」とします。

〈ステップ2　3つのアドバイスを抜き出す〉

目次を眺めて、引っかかる言葉があれば、本文のそのページへ飛びます。そこに「問い」に対する「答え」があれば、トライアングルの丸枠の中にアドバイスを記入します。

ここで抜き出したアドバイスは、「人生の目的」「原理原則」「単純化」の3つです。

〈ステップ3　キーワードを抽出する〉

16分割のマス目に、左から「人生の目的」「原理原則」「単純化」の順に、それぞれに関連するキーワードを抜き出していきます。

「人生の目的」には、「人間の本質＝不変」「満ち足りた人生＝仕事に打ち込む、世の中の役に立つ」などのキーワードが入りました。

「原理原則」には、「人間としての道理」「常日頃から原理原則」などが入りました。

「単純化」には、「やさしいことを複雑に考える人が多い」「たくさん↓エッセンス」といったキーワードを抜き出しました。

〈ステップ4　キーワードを整理する〉

16分割に記入したキーワードを整理していきます。より重要なものに丸をつけたり、関連するキーワードを矢印で結びつけたりしながら、内容の理解を深めます。

そしてこれをもとに、先にフォーマットのトライアングルの丸枠の中に書き込んだ3つのアドバイスをよりわかりやすい形で図解していきます。

16分割のマス目に記入したキーワードを、矢印やマトリックスを効果的に使いながら整理していくのです。

〈ステップ5　1メッセージを抽出する〉

1メッセージに結晶化させていきます。

問い「28歳の『転職のモノサシ』とは?」に対して、

答え「28歳からのGPS」が導き出されました。GPSとは、

G―― Goal　人生の目的
P―― Plinciple　原理原則
S―― Simplicity　単純化

自動車や携帯のナビで使われるGPSに掛けています。これら「G」「P」「S」はナビゲーション・システムのように、転職、さらにはこれからの人生を導いてくれるモノサシ（指針）となります。

このように、語呂のよい組み合わせが見つかったら使ってみてください。「28歳からのGPS」というと非常にわかりやすくなります。記憶に定着し、活かしやすくなります。

38 『成功への情熱』に進路を相談する

ステップ1 「問い」を立てる

ステップ2 3つのアドバイスを抜き出す

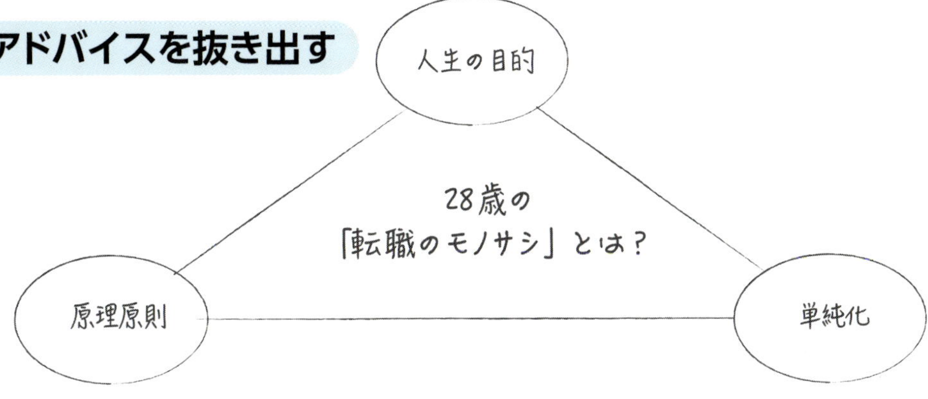

ステップ3 キーワードを抽出する

人生の目的	原理原則	単純化
人間の本質＝不変	人間としての道理	やさしいことを複雑に考える人が多い
満ち足りた人生＝仕事に打ち込む、世の中の役に立つ	常日頃から原理原則	たくさん → エッセンス

ステップ4 キーワードを整理する

ステップ5 1メッセージを抽出する

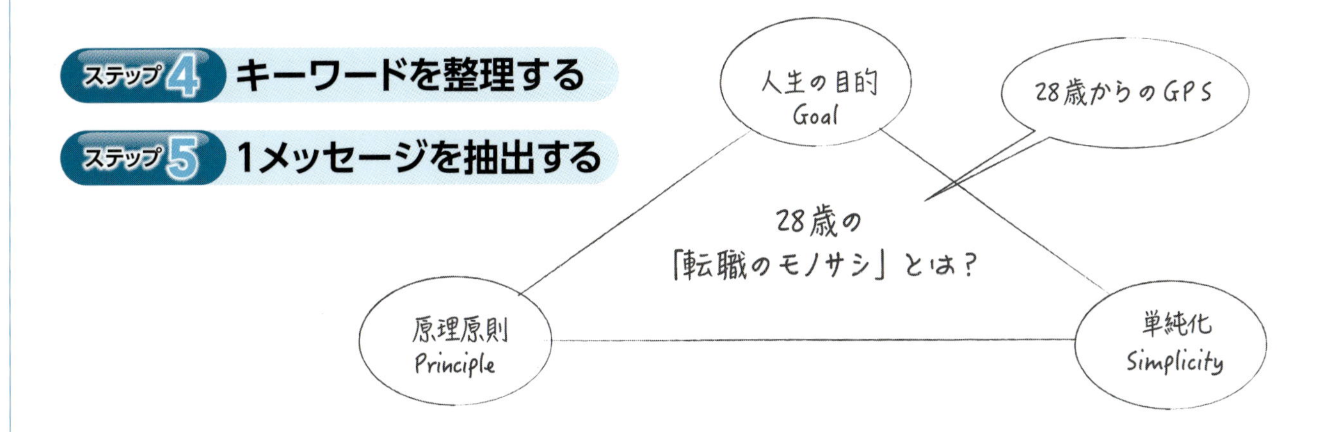

語呂のよい組合わせを使えば、メッセージが記憶に定着し、活かしやすくなる

「師匠」に教えを乞う読書③

……理論書をバイブル・リーディングする

もしドラッカーが研修プログラムをつくったら

「理論書」の「バイブル・リーディング」のフォーマットは、左ページのとおりです。上下に分かれていて、上のメモ部分は32分割です。超濃密本からは、キーワードがたくさん出てくる可能性があるからです。

下は、「1・2・3マッピング」と類似のフォーマットです。中央の円の下に「問い」を、上に「答え」（1メッセージ）を記入します。円から伸びた矢印の先は、左上から反時計回りに「What?」「Why?」「How?」「Next Step」です。

では、「バイブル・リーディング」を始めます。

あなたは社内研修の担当者です。来期の管理職研修を実施するにあたって、「リーダーに必要な底力がつくプログラム」を考えています。そこで、ドラッカーの『経営者の条件』の終章を読むことにしました。

〈ステップ1　「問い」を立て「仮の答え」を出す〉

まず、次のような「問い」を立てます。

もしドラッカーが、リーダーに必要な底力がつく研修プログラムをつくったら？

いつもと違うのは、この段階で「仮の答え」を見つけておくこと。こうするとドラッカーにぶつける質問が切実で実感のあるものになり、得られる「答え」の質も高くなります。

ページをめくりながらキーワードを探します。すると、「成果をあげる」ことについて書かれています。そこで、「仮の答え」として「成果をあげる習慣」を置きます。

〈ステップ2　32のキーワードを抜き出す〉

「仮の答え」に関連するキーワードを抜き出し、「What?」「Why?」「How?」「その他」の枠の中に記入していきます。

〈ステップ3　強調と関連づけを行う〉

1つひとつのキーワードを、仮の答え「成果をあげる習慣」に関連づけて強調し、断片的な情報を全体像へと整理していきます。

〈ステップ4　1メッセージを導き出す〉

最後に「本当の答え」＝「1メッセージ」を導き出します。ここでは次のとおりです。

「仕事の底力」を向上させ、
「自律と勇気」を下支えする、
「成果をあげる習慣」が身につく6カ月

ここから、いよいよフォーマットの下の部分を記入していきます。

〈ステップ5「What?」「Why?」「How?」「Next Step」の欄を埋める〉

「『成果をあげる習慣』6カ月間プログラム」という「答え」について、次のように掘り下げます。

「成果をあげる習慣とは何か？（What?）」
「なぜ成果をあげる習慣なのか？（Why?）」
「どうやって習慣を身につけるのか？（How?）」

これらに対して、32のキーワードから3つずつ選んで記入します。「How?」の部分はドラッカーが具体的に5つを挙げているので、そのまま書き出します（左ページ参照）。

次に「Next Step」に具体的なアクションを記入します。「プログラムのラフ案をメールで送信する」などです。

こうして、師との対話によって自分の枠を超えた視点で物事を考えることができます。

39 『経営者の条件』を使って社内研修を企画する

- ステップ1 「問い」を立て「仮の答え」を出す
- ステップ2 32のキーワードを抜き出す
- ステップ3 強調と関連づけを行う
- ステップ4 1メッセージを導き出す
- ステップ5 What? Why? How? Next Stepの欄を埋める

What?	Why?	How?	その他

1メッセージ：「仕事の底力」を向上させ、「自律と勇気」を下支えする、「成果をあげる習慣」が身につく6カ月

タイトル：『経営者の条件』終章

成果をあげる習慣

もしドラッカーが、リーダーに必要な底力がつく研修プログラムをつくったら？

What?
① 仕事＝成果を出す
② 成果をあげる習慣
③ 教える研修→自己修練

Why?
① 「研修以前」 知識 能力
② 研修より習慣
③ ボトルネック モノ カネ 社会の発展維持

How?
① 時間の管理
② 貢献にフォーカス
③ 「強み」を活かす
④ 最重要から始める
⑤ 成果をあげるための意思決定

Next Step
プログラムのラフ案をメールで送信する

師との対話を行えば、自分の枠を超えた視点で物事を考えることができる

「未来」へ導く読書①

……ビジョナリー・リーディングの方法

「整読ノート」を読んで ビジョナリー・カードをつくる

最後に紹介するのは、思い（目的）を具体化する「ビジョナリー・リーディング」です。ゴールは、1枚の「ビジョナリー・カード」です。ビジョナリー・カードとは、整読で得た知識を紙1枚に凝縮した、あなたの目的地を常に指し示してくれる最強のツールです。

「ビジョナリー・リーディング」で読むのは、市販の本ではなく、あなたが整読によってアウトプットを記入した紙やノートです。それを私は『黄金の辞書』と名づけています。『黄金の辞書』には、著者との対話を通じて得た知識がたくさん詰まっています。

ここからあなたに必要な知識を掘り出し、磨きをかけ、あなたの未来を紙1枚（ビジョナリー・カード）に結晶化していきます。

では、始めましょう。『黄金の辞書』を使って「シンプル・ルール」と「1アクション」「1メッセージ」をビジョナリー・カード（左ページ）に抽出します。次の順番で必要な要素を記入していくことでできあがります。

① マイ・テーマ
② ビジョン
③ シンプル・ルール
④ 1メッセージ
⑤ 1アクション

①～③について少し説明しておきます。

あなたの人生が1本の映画だとしたら、そのタイトルにあたるのが①マイ・テーマです。「私のテーマは何？」という「問い」を立てて『黄金の辞書』を整読します。

「〇〇革命」という言葉を掲げて、〇〇に入れる言葉を探してください（95ページ参照）。「〇〇革命」は、「そうそう、これがやりたかったんだ」と思える、心にしっくりくるテーマを見つけるための便利なツールです。

たとえば、スターバックス創業者ハワード・シュルツの場合は「コーヒー革命」。ソフトバンクの創業者、孫正義さんの場合は、「デジタル革命」となります。

「革命」という言葉でなくても、「維新」「イノベーション」「進化論」など、一番しっくりくる表現を使ってみてください。

見つけたマイ・テーマは、ビジョナリー・カードの一番上の欄に記入します。

②のビジョンは、あなたの人生が1本の映画だとしたら、その「予告編」です。

映画には3幕構成の物語があります。

〈第1幕〉現状の問題が、
〈第2幕〉どのようにして解決し、
〈第3幕〉どんな未来がやってくるのか
という物語です。

予告編を見れば、それがどんな映画かがイメージできるのは、そこに3幕のハイライトシーンが展開されているからです。ですから、ビジョンも3幕構成で描きます。

③のシンプル・ルールとは、ビジョンを実現するために押さえるべき原理原則です。

「プリンシプル・リーディング」「マスターキー・リーディング」「バイブル・リーディング」で手に入れた原理原則などから5つを選び、〇の中に記入します。

①から⑤まで手順に沿って記入していくことで、「ビジョナリー・カード」が完成します。

40 「ビジョナリー・カード」のフォーマット

整読によってアウトプットを記入したノート（『黄金の辞書』）を読む

① マイ・テーマ → ② ビジョン → ③ シンプル・ルール →＊

＊→ ④ 1メッセージ → ⑤ 1アクション

の順番でビジョナリー・カードに記入していく

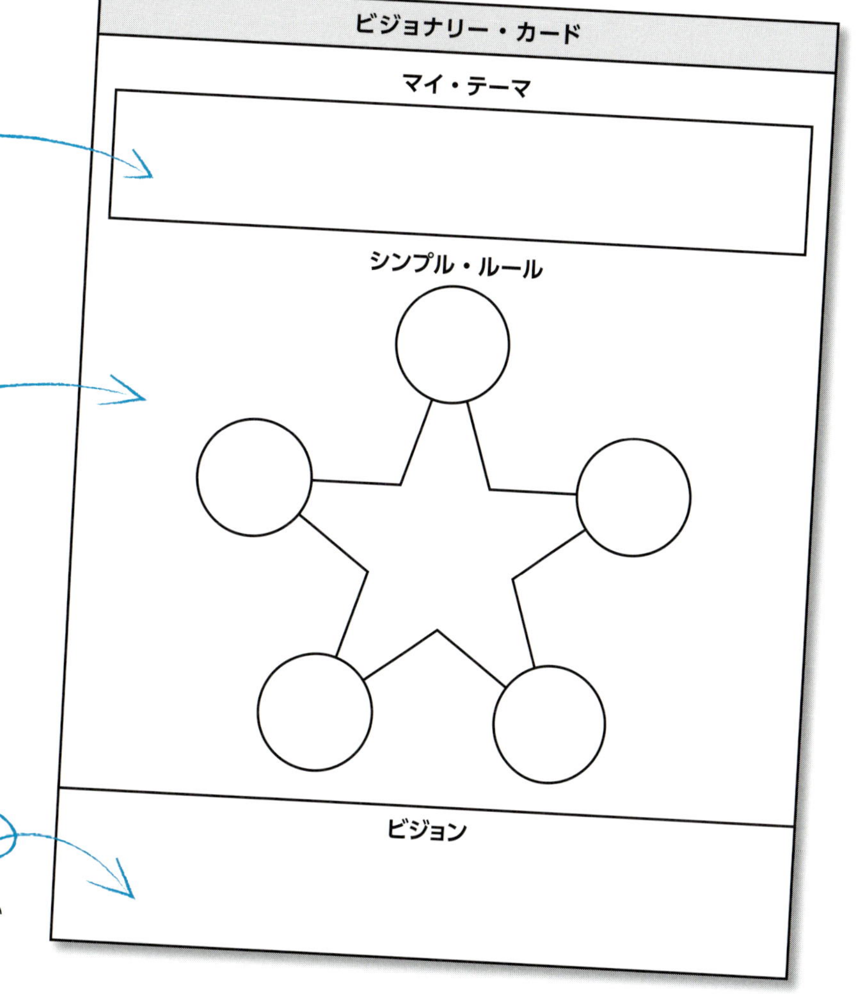

- 「私のテーマは何？」という「問い」を立てる
- ビジョンを実現するために押さえるべき原理原則を『黄金の辞書』から5つ選んでそれぞれ○の中に記入する
- 3幕構成で描く
  ①現状の問題が、
  ②どのようにして解決し、
  ③どんな未来がやってくるのか

ビジョナリー・カードは、整読で得た知識を紙1枚に凝縮した最強のツール

41

「未来」へ導く読書②

……ビジョナリー・カードをつくる

人生の扉を開く「5つの鍵」を見つける

では、実際に「ビジョナリー・カード」をつくっていきましょう。

今回は「自分のカフェをもちたい」という夢に向けてつくります。

〈ステップ1　マイ・テーマを見つける〉

まずは、人生の映画のタイトルを決めます。ここでは、あなたがオープンしたいカフェの店名（タイトル）を見つけることにしましょう。左ページのフォーマットを使います。

『黄金の辞書』を用意し、そこにちりばめられたキーワードを参考にしながら、あなたのマイ・テーマになりそうなキーワードを「〇〇革命」の形で書き出していきます。

候補は、「朝の革命」「カフェ革命」「スマート革命」「サラダ革命」「一杯の革命」「自分革命」「海の香り革命」「海の朝革命」「元気革命」「フレッシュ革命」「モーニング革命」「エピソード革命」「朝カフェ革命」など。

そして、最終的に行き着いたのは、

Morning Ocean Cafe
モーニング・オーシャン・カフェ

〈ステップ2　ビジョンを描き出す〉

続いて、「こんなカフェがあったらいいなと思っていた」というような3幕構成の物語を描いていきましょう。次のようにイメージを膨らませていきます。

「忙しいビジネスパーソンが訪れて、朝の海のように爽快感と生命力を吸収できる、パワースポットのようなカフェができたら」

これを3幕構成の物語にし、ビジョナリー・カードに記入していきます。実際にカードに記入するときは、左ページにあるように演出を加えてみてもいいでしょう。

〈ステップ3　シンプル・ルールを決める〉

シンプル・ルールは、「プリンシプル・リーディング」「マスターキー・リーディング」「バイブル・リーディング」を中心に、結晶化した本質、原理原則、師の教えをもとにつくります。

ルールは、3〜5つくらいがいいでしょう。たくさんあっても実践できなければ意味がありません。ひと目見て覚えられるシンプル・ルールを設定しましょう。

3つの場合はトライアングル、4つの場合、は四角、5つの場合は星形で整理すると覚えやすくなります。今回は、本書の第3章、第4章で説明した整読法で結晶化した知識をベースにしてつくってみました。5つ選んだので星形を使います。

このように、「自分の言葉」が詰まった『黄金の辞書』を参照して、「シンプル・ルール」を書き起こします。そうすることで、本の著者から受け継いだ知恵を理解し、実践できるようになります。

この5つのルールは、あなたの人生の扉を開く「5つの鍵（マスターキー）」です。

シンプル・ルールは、自分の可能性を解放してくれるものです。先人の知恵を借りて、それを自分の言葉で結晶化し、磨きをかけて5つのルールにしたものです。

このように、ビジョナリー・リーディングは、あなたの思いを具体化します。

41 「ビジョナリー・カード」のつくり方

ステップ1 マイ・テーマを見つける

キーワードを書き出して、そこからマイ・テーマを抽出する

朝の革命	カフェ革命	スマート革命	サラダ革命
一杯の革命	自分革命	海の香り革命	海の朝革命
元気革命	フレッシュ革命	モーニング革命	エピソード革命
朝カフェ革命			

マイ・テーマを抽出

Morning Ocean Cafe
モーニング・オーシャン・カフェ

ステップ2 ビジョンを描き出す

3幕構成の物語を描く

生まれたての朝の物語
海辺の朝の香りと元気を召し上がれ
「最高の朝」はいつも海の香りにのってやってくる

ステップ3 シンプル・ルールを決める

『黄金の辞書』から「シンプル・ルール」を書き起こす
この5つのルールは、人生の扉を開く「5つの鍵(マスターキー)」

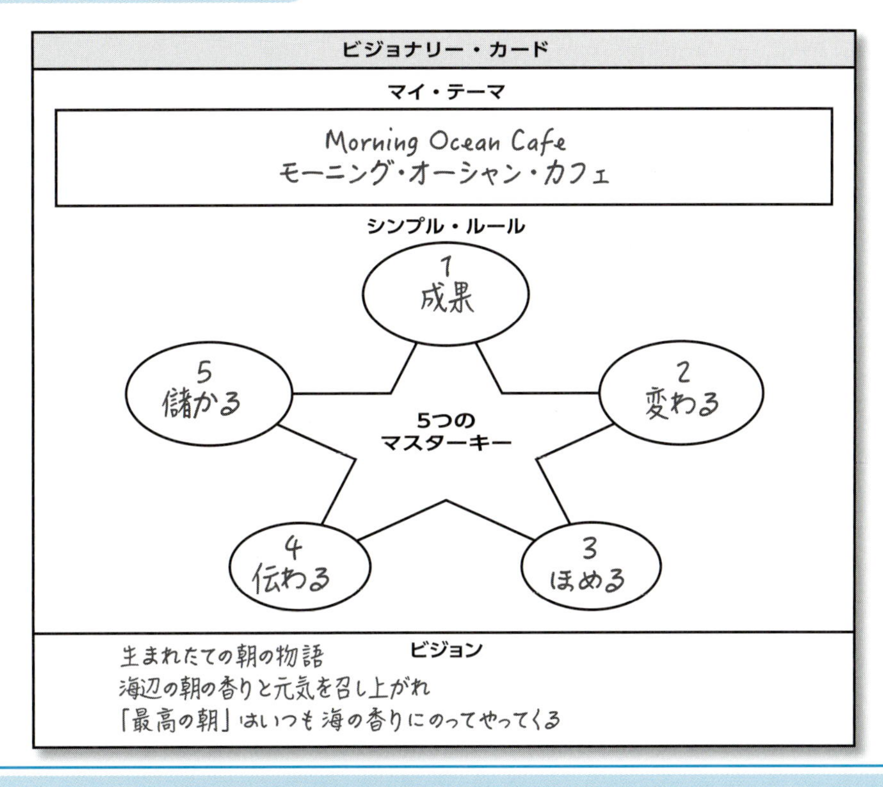

ビジョナリー・カードをつくって自分の思いを具体化しよう

◈著者略歴

高橋　政史（たかはし・まさふみ）

クリエイティブマネジメント株式会社代表取締役。
メーカー勤務時代に3トントラック1台分の営業資料を4畳半のスペースにスリム化。その後、香港のマーケティング会社のCOO（取締役）を経て、戦略系コンサルティングファームにて経営コンサルタント。現在は教育機関から企業まで「ノート指導」で結果を出させる第一人者。教育分野では千代田区が全国初となる「全校生徒・全教科・全教員」が高橋メソッドで授業ノート指導を実践。ビジネス分野では、ノート指導はのべ2万人超。主な導入実績は、外資系金融機関、自動車メーカー、通信会社、商社、広告代理店、精密機器メーカー、IT企業など200社を超える。著書は『頭がいい人はなぜ、方眼ノートを使うのか？』（かんき出版）、『すべての仕事を紙1枚にまとめてしまう整理術』『必要な知識を15分でインプットできる速読術』（以上、クロスメディア・パブリッシング）他多数。群馬県高崎市生まれ。

■公式サイト　http://www.thinknote.jp

※本書は、2011年4月にクロスメディア・パブリッシングより刊行された『すべての仕事を紙1枚にまとめてしまう整理術』と2011年12月に同社から刊行された『必要な知識を15分でインプットできる速読術』を改題し、図解化し、加筆修正を施し、再編集したものです。

なお、本書に登場した「マッピング・コミュニケーション」「キラー・リーディング」「整読7つのフォーマット」のPDFは、上記2冊、そして本書の購入特典として、下記専用ウェブページよりダウンロードいただけます。また、予告なくダウンロードできなくなる可能性がございますので、その際には何卒ご了承くださいませ。

http://creative-management.jp/
ID：format　　パスワード：ichimai

●編集協力／ことぶき社

［図解］すべての仕事をスッキリ「紙1枚！」にまとめる整理術
あなたの人生が変わる「14のフォーマット」

2016年2月8日　第1版第1刷発行

著　者　高橋政史
発行者　小林成彦
発行所　株式会社PHP研究所
　東京本部　〒135-8137　江東区豊洲5-6-52
　　　　　　エンターテインメント出版部　☎03-3520-9616（編集）
　　　　　　普及一部　☎03-3520-9630（販売）
　京都本部　〒601-8411　京都市南区西九条北ノ内町11

PHP INTERFACE　http://www.php.co.jp/
組版・図版・イラスト・装丁　齋藤稔（株式会社ジーラム）
印刷所　凸版印刷株式会社
製本所　株式会社大進堂

ISBN978-4-569-82774-2